quando éramos virgens
histórias da primeira vez

Juliana Lins e
Rosane Svartman

CASA DA PALAVRA

Copyright © 2005 desta edição, Casa da Palavra
Copyright © 2005 Juliana Lins e Rosane Svartman
Por acordo com Raccord Produções Artísticas e Cinematográficas e GNT Globosat Programadora.

Todos os direitos reservados e protegidos pela Lei 9.610, de 19.02.1998.
É proibida a reprodução total ou parcial sem a expressa anuência dos editores.

Copidesque
LENY CORDEIRO

Revisão
CRISTIANE PACANOWSKI

Projeto gráfico
JULIO SILVEIRA

Ilustrações e logomarca
FABIANA EGREJAS

Fotografias
THIAGO BARROS (*capa*)
ANA PAULA AMORIM (*abertura*)

Produção editorial
NATALIE ARAÚJO LIMA

Produção gráfica
ISABEL VALLE

CIP-BRASIL. CATALOGAÇÃO-NA-FONTE – SNEL, RJ.

L731Q

LINS, JULIANA, 1972-
  Quando éramos virgens : histórias da primeira vez / Juliana Lins, Rosane
  Svartman. — Rio de Janeiro : Casa da Palavra, 2006
  176 p. : il.
  Conteúdo parcial: Entrevista com Mary Del Priore
  ISBN 85-7734-015-5

  1. Sexo. 2. Relações sexuais. 3. Comportamento sexual. I. Svartman, Rosane,
1969-. II Título.

06-1328.   CDD 306.7
                  CDU 396.2

CASA DA PALAVRA PRODUÇÃO EDITORIAL
R. Joaquim Silva, 98, 4º andar, Rio de Janeiro, 20241-110
21.2222-3167 21.2224-7461 divulga@casadapalavra.com.br
www.casadapalavra.com.br

8. *Apresentação*

12. Encontro marcado

40. Fora do armário

86. Gerações

110. Sexo na vitrine

144. Primeira vez

164. Depois...

166. *"Da repressão ao sexo à ditadura do orgasmo"*
 Entrevista com Mary Del Priore

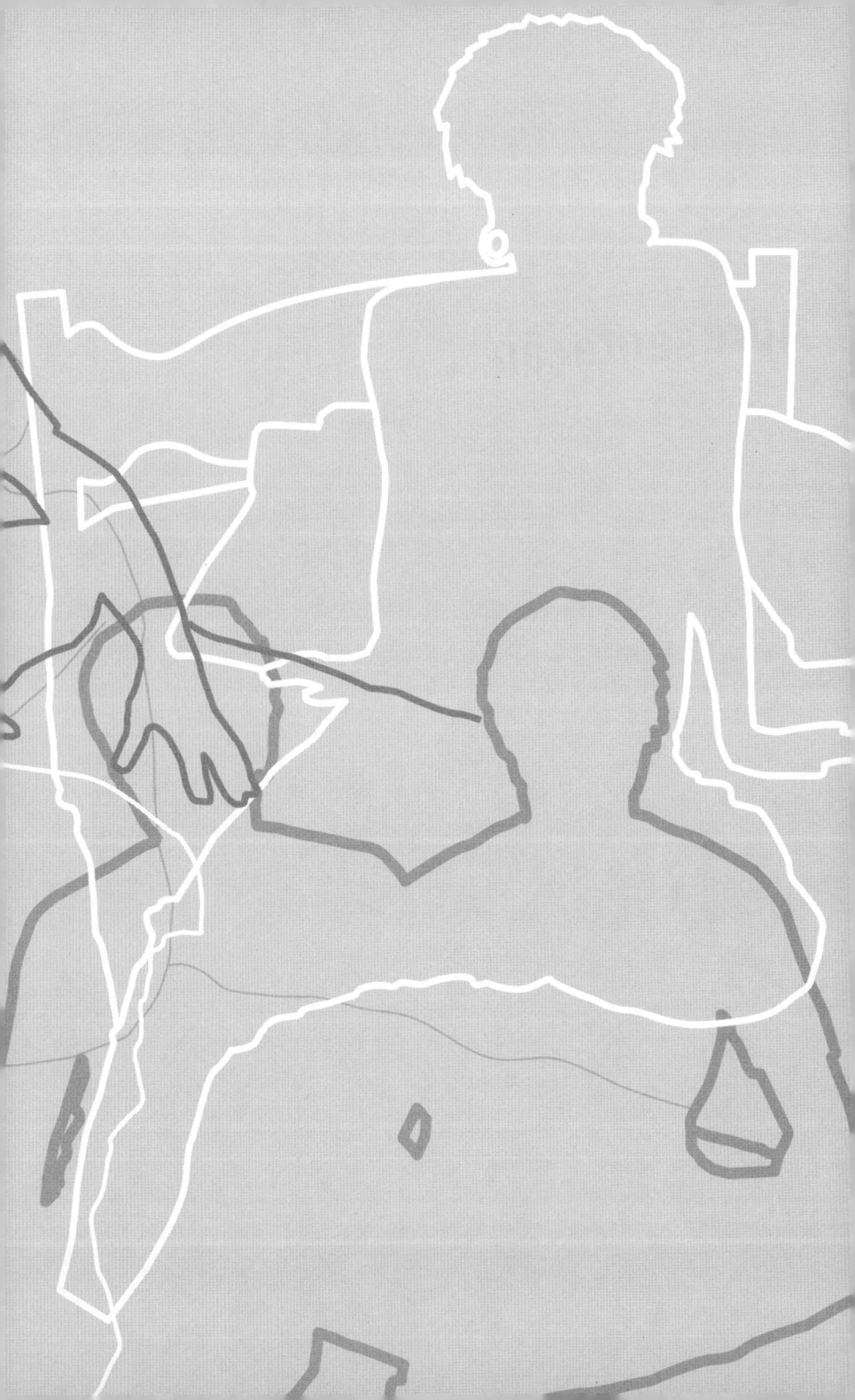

Apresentação

Como foi a sua primeira vez? Não precisa responder agora. Há alguns anos essa pergunta, feita assim displicentemente numa conversa informal, foi o que deu origem a este livro. A conversa era sobre o momento da primeira relação sexual, as diferentes experiências desse rito de passagem e a camada de sentimentos que o envolve: expectativa, medo, insegurança, paixão, dúvida, ansiedade, desejo, (re)pressão, entre tantos outros. Achávamos e achamos que o momento da iniciação sexual continua a ser único, especial e sobretudo inesquecível, seja a experiência boa ou ruim, mesmo para os que garantem que hoje em dia isso já não tem mais a menor importância.

Ao longo dos anos ouvimos centenas de respostas, todas singulares, mesmo tendo muito em comum. Encontramos, sim, histórias engraçadas, dolorosas e emocionantes de "primeira vez", e não foi tarefa fácil escolher os personagens e as experiências mais representativos de toda a pesquisa para produzir este livro.

O primeiro capítulo, "Encontro marcado", narra o reencontro de Teresa e Patrícia com os homens com quem perderam a virgindade. "Gerações" provoca uma discussão em várias famílias sobre a perda da virgindade em diferentes contextos e momentos históricos. O capítulo "Primeira vez" desvenda o antes, o casamento e o depois de uma noiva virgem! "Fora do armário" revive as escolhas, desejos e conflitos da primeira vez de quem, nessa ocasião ou depois dela, assumiu sua orientação homossexual. "Sexo na vitrine" acompanha a estréia de Bianca em um filme de sexo explícito e revela como os profissionais dessa indústria encaram a primeira vez no *set* e fora dele.

"A vida é a arte do encontro, embora haja tanto desencontro pela vida", dizia o poeta. Aqui você lerá histórias de encontros e desencontros, relatos de vida íntima que consideramos preciosos. Nossa idéia nem era essa, mas acabamos descobrindo que se pode conhecer, ficar íntimo de uma pessoa a partir de uma única pergunta, seja qual for a resposta. A primeira vez pode dizer muito de uma pessoa e como ela se lembra desse momento também. A verdade de cada relato é redefinida pelo momento atual, que orienta as recordações. O que somos hoje acaba sendo, de alguma forma, o que a gente lembra, e voltar ao passado, reviver esses momentos, acaba sendo uma experiência transformadora. Faça o teste. Como foi sua primeira vez?

Agradecimentos

Muitas pessoas toparam embarcar na nossa proposta, entre elas estas que temos o prazer de apresentar. Nós, claro, nos envolvemos e devemos confessar que nos apaixonamos por todas elas: gente muito diferente, como a bibliotecária Eliana, o tímido Fausto, que adora sambar, a exuberante Solange, de cabelos trançados, a reprimida e explícita Bianca, o religioso Onireves, José, que vive na praia, Patrícia, que faz enfeites para bolos de casamento, entre tantos outros. Pessoas de diferentes origens, bossas, jeitos, crenças, desejos. Eles são agora parte de nossa vida, como nós também somos das deles.

Esperamos que esse clima de interesse e descobertas esteja impresso nas linhas e entrelinhas das páginas que se seguem.

Encontro marcado

Afinal, o que muda depois da primeira vez? Qual a importância desse acontecimento nas nossas vidas? A idéia de um "encontro marcado" nos parecia simples e original: uma mulher — ou várias mulheres — vai reencontrar, depois de anos, a pessoa com quem perdeu a virgindade. Esse era o ponto de partida para tentar responder à pergunta acima e para falar também de memória (o que fica guardado, o que se inventa — e que não deixa de ser a verdade de cada um), da seleção inconsciente que se dá ao abrir o baú imaginário de recordações, dos sentimentos e sentidos relacionados a esse rito de passagem.

Era também uma oportunidade de explorar os pontos de vista feminino e masculino e falar de como um mesmo acontecimento pode ser visto de formas tão diferentes dependendo de quem olha (e, no nosso caso, de quem conta).

Definido o recorte, estaríamos com meio caminho andado não fosse um sério imprevisto: o alto índice de resistência, indecisão e desistência das pessoas que a princípio toparam participar. Muitas iam ficando mais indecisas e escorregadias à medida que se aproximava o dia da entrevista e, sobretudo, o dia do tal encontro. Alguns possíveis entrevistados sumiram durante semanas ou para sempre, outros inventaram toda sorte de desculpas para não participar, outros ainda confessaram seus medos e inseguranças, fazendo da pesquisadora uma espécie de psicanalista de bolso. Dos que ficavam, alguns se desentenderam com seus maridos/mulheres ou namorados(as) por conta da entrevista e acabaram desistindo na última hora. Houve também quem, para nossa surpresa, quisesse muito contar sua história, mesmo após a desistência da outra parte.

Ao final das primeiras entrevistas, pudemos concluir que o assunto era mais controverso do que se poderia imaginar. Cumplicidade, ciúme, mágoas antigas, anseios e medos foram alguns dos sentimentos que afloraram nas pessoas que se transportaram para "quando eram virgens".

A seguir a história dos homens e mulheres que toparam e, relutantes ou não, foram até o fim na nossa proposta.

Teresa

Para chegar a Valença de qualquer lugar que se venha, é preciso subir. Foi nessa cidade acolhedora que começou a história de Teresa e Danilo. O antigo Clube Colorado, cujo nome homenageia a aldeia dos primeiros índios que ali viveram, já foi freqüentado principalmente pela classe média (branca) da cidade e foi também o cenário do primeiro encontro e de muitos outros encontros dos nossos dois personagens (negros).

Valença era, portanto, o melhor lugar para um encontro marcado, mas antes tínhamos de conversar com ela e, o mais difícil, conseguir marcar um papo com ele. Até chegar a contar a história de Teresa e Danilo, tivemos algumas frustrações pelo caminho. A primeira, dias depois que Teresa topou dar a entrevista que se segue. Ela nos ligou dizendo que criou coragem, ligou para Danilo, mas ele foi taxativo, não havia a menor chance de participar. Passado mais um tempo, Teresa voltou a ligar, dizendo que às vésperas do Natal encontrou com Danilo por acaso em Valença e ele havia mudado de idéia. Pensando bem, a história dos dois era linda e... por que não? Ele topava falar. Foi nesse clima natalino de "tudo vai dar pé" que fizemos uma primeira parada no bairro do Jardim Botânico, Rio de Janeiro, onde hoje mora Teresa.

A casa de Teresa fica num prédio baixinho, construção antiga, sem elevador, bem a cara dos artistas e profissionais liberais que habitam a área. Quando chegamos, um pouco depois da hora marcada, Teresa estava ansiosa, o telefone na mão, prestes a ligar para saber o motivo da demora. A impaciência foi embora pela mesma porta por que entramos.

Teresa Nabuco tem 41 anos, é figurinista, mãe de Carol e uma linda mulher. Negra, alta, magra, usa faixa no cabelo e vestido estampado, provavelmente confeccionado por ela mesma. Teresa faz figurinos para personagens do cinema, teatro e televisão, é portanto perfeitamente capaz de fabricar as coloridas peças do seu próprio guarda-roupa. Carol é fruto do primeiro casamento da mãe. Teresa hoje não é mais casada, mas mora com o parceiro Anderson, outro belíssimo exemplar da espécie humana, com quem também divide um ateliê de roupas ali perto. Para quem olha de longe a família andando pelas ruas do bairro ou tomando banho na piscina do clube, não passa despercebida a beleza do conjunto: é de dar inveja ao mais católico dos mortais.

Contrastando com a exuberância de hoje, Teresa foi uma criança tímida. Morando em Valença desde os 11 anos, foi na adolescência que a cidade de interior lhe propiciou as primeiras descobertas.

"Uma cidade em que você podia andar sozinha de noite, tinha turma, a gente ia muito pra baile, muito carnaval, muito barzinho, foi a melhor fase da minha vida. Tanto é que, quando me perguntam de onde eu sou, sempre falo que sou de Valença. Sou daqui do

Rio, mas o tempo em que vivi lá foi tão intenso que eu acho que sou de lá. E era isso o que a gente fazia, tinha uma turma grande, ia fazer piquenique, essas coisas de adolescência que no interior você consegue fazer com muito mais facilidade que no Rio."

Teresa tinha galera, mas também era meio bicho do mato. A mais velha dos quatro irmãos começou a crescer, mas não queria aparecer. Eliana, um ano mais nova, era muito extrovertida, e Teresa, inibida. Por causa disso, nessa época tudo para ela parecia difícil. Tudo virava um problema. Ela ri e diz que devia ser "meio mala".

Na adolescência, Teresa tinha sido a última das amigas a ficar menstruada; agora, pensava, ia ser a última a perder a virgindade. Invejava algumas amigas que, mesmo em uma cidade de interior conservadora, já começavam a viver suas primeiras experiências sexuais. Enquanto isso, Teresa pensava. Para tomar a decisão e achar que estava "pronta para a história rolar", Teresa precisou de quatro longos anos e mesmo assim, até hoje, tem a sensação de que poderia ter esperado mais.

"Eu sou devagar quase parando. Foi quase no momento certo, mas eu acho que eu podia estar mais... também não tem essa coisa de momento certo. Mas eu tinha umas dúvidas que eu queria saber, que eu só fui saber depois. Mas não tenho nada que mudar, não mudaria nada, não."

Teresa era romântica, achava que a primeira vez tinha de ser com "o cara", uma pessoa importante, um namorado. Aos 16 anos, ela conheceu um cara, mas não sabia se era "o cara" (e não era seu namorado).

Do alto de seus vinte e poucos anos Danilo parecia então muito mais velho. Era alto, forte, jogava vôlei incrivelmente bem na quadra do Colorado e, para complicar ainda mais, sabia que era bonito. Teresa costumava ir ao clube com as amigas, sentava no canto da quadra e, de lá, admirava.

"Eu e Danilo nos conhecemos quando eu fui morar em Valença, ele é de uma família muito conhecida lá; era um homem muito bonito, um negão imenso, uma cara meio de príncipe, era conhecido na cidade, em cidade pequena essas coisas se espalham. Queria me aproximar, e ele era muito amigo da Edna e do Stephen. Eles tinham dois filhos, que na época eram pequenininhos, a gente sempre gostou muito de criança e foi convivendo com as crianças no clube, conhecendo Edna, depois conhecendo o Stephen, e aí passou a conhecer a turma deles. O Danilo era muito mais velho que eu. Na época eu tinha 16 e ele, 20, fazia uma diferença, porque eu era muito infantil e ele já era um homem."

Tão ou mais importante para essa história quanto as ruas e praças da cidade de Valença e a quadra de vôlei do Clube Colorado é a casa da Edna e do Stephen. Teresa e Danilo viviam na casa desse casal, e foi lá que começaram a se aproximar. Ele, inglês, ela, baiana, conheceram-se na França, se apaixonaram e foram morar em Valença. Nas palavras de Teresa, eram um casal mais aberto. Tinha sempre gente na casa deles, faziam uns almoços, era uma casa onde Teresa se sentia à vontade. Gostava de conversar com a amiga baiana, para quem perguntava coisas que não tinha coragem de perguntar à mãe mineira. Danilo, por sua vez, ficou muito amigo de Stephen. O inglês foi e ainda é uma referência intelectual e política importante para o estudante que, muitos anos depois, foi eleito presidente do Sindicado Estadual dos Professores do Rio de Janeiro.

Danilo, segundo consta, tinha muitas namoradas, e demorou a reparar na menina que torcia discretamente no canto da quadra de vôlei. Na verdade, ele reparou primeiro em Eliane, irmã de Teresa, mais extrovertida, mais animada e que, como todas as meninas da cidade, também dava suas paqueradas no cara popular e bonitão. O problema, segundo Eliane lembra, é que ela encontrava com Danilo nos lugares e ele perguntava sobre a Teresa, mandava beijo para ela.

A partir do convívio na casa da Edna e do Stephen, e das noites de *baby-sitter* em dupla, Teresa e Danilo começaram a ficar.

"Aí", diz Teresa, "eu vim morar no Rio, ele ficou lá em Valença, e a gente se encontrava às vezes. Como tínhamos vários amigos em comum, a gente se encontrava, saía, bebia. Ele era uma pessoa que tinha muitas namoradas. Eu, às vezes, ficava uns tempos sem ir a Valença. Quando eu voltava e ele estava sozinho e eu estava sozinha, a gente ficava junto, mas isso não era sempre, não."

Sim, ficavam, mas não transavam. Teresa talvez ainda pensasse em corresponder às expectativas da mãe e de uma sociedade que, se já permitia o sexo antes do casamento, não deixava de julgar as ditas "meninas fáceis". Teresa ia também cultivando suas próprias expectativas, que eram cada vez maiores. Ela escutava uma amiga ou outra, mas não perguntava nada a ninguém. Tirava suas próprias conclusões com as informações truncadas que colhia daqui e dali. E era um desastre! Tudo ficava ainda mais complicado e a cabeça dela, mais confusa.

"Eu tinha medo. Na verdade, acho que não era o momento. Acho que demorei esse tempo todo porque não tinha muita vontade, queria ir no embalo, estava todo mundo indo, eu também queria ir, não queria ficar para trás, entendeu? Para ser sincera, eu era muito infantil, brinquei de boneca até tarde, fiquei menstruada com quase 15 anos. Tudo demorou muito, eu não estava nem aí para nada, mas todo mundo falava, eu queria ir, entendeu? Eu não queria ficar para trás. Eu tinha uma expectativa grande. Primeiro achava que eu não estava a fim, depois achava que ia sofrer, que tinha de ser com meu namorado. Como a gente não era namorado, isso foi uma coisa que me atormentou bastante. Eu achava que isso não estava certo, essas coisas que mãe põe na cabeça da gente. Até que eu falei ou vai ou racha, vamos aproveitar logo a história."

Durante esse processo complicado de tentar entender o que estava sentindo, houve várias tentativas frustradas. Teresa ia até certo ponto, depois, amarelava. Ela hoje acha que Danilo foi muito paciente porque ela era cheia de não-me-toques.

"Eu dava corda, mas chegava na hora H eu travava e não tinha jeito, o negócio não ia de jeito nenhum. Depois que eu vim para o Rio, a coisa ficou mais tranqüila, fui para a faculdade, comecei a conviver com um, com outro. Mas várias vezes, coitado, empatei geral a vida dele."

O engraçado é que do dia em si ela não se lembra. O que ficou guardado foi o carinho e essa seqüência de tentativas frustradas. Por sorte a gente conversou também com a única pessoa além de Teresa que poderia lembrar-se de alguma coisa.

A essa altura, Danilo era para nós uma lenda viva. À medida que os adjetivos se acumulavam (lindo, forte, caladão, conquistador), aumentava também a nossa curiosidade em conhecê-lo. Agora estávamos ali parados fazia dez tensos minutos na porta da sua casa, em Valença, e, claro, pensando na possibilidade de mais um furo. Tínhamos motivos para isso. Da primeira vez ele furou, mas decidimos ir para Valença mesmo assim, para conversar com as amigas de Teresa, a irmã, Edna e Stephen. Da segunda vez que marcamos, ele ficou doente e a viagem foi cancelada em cima da hora. Agora, se ele não viesse... Foi aí que avistamos um cara alto, cigarro na mão, subindo a rua vagarosamente. Mais alguns passos e, pelo olhar dele em nossa direção, vimos que não era "um cara", era "o cara".

Danilo nos cumprimentou com um "achei que vocês não vinham mais", querendo dizer, na verdade, "queria que vocês não viessem mais". Antes mesmo de começarmos a conversa, o cidadão de meia-idade confessou que estava tendo problemas por causa dessa entrevista, e confirmou o que já suspeitávamos: adiou quanto pôde a entrevista esperando que a gente desistisse e que "a fila andasse". Entendemos que ele não queria dar a entrevista. O que não conseguimos entender foi por que, em um desses tantos telefonemas, ele simplesmente não disse isso. Se é verdade (e achamos que é) que passou por tantos contratempos — incluindo o de brigar com a namorada — por causa do nosso convite, talvez quisesse de fato nos contar o seu lado da história.

Danilo Garcia Serafim se considera um "cidadão do mundo". "Conheci a Teresa há quase trinta anos aqui em Valença. Teresa é mais nova do que eu. Eu jogava vôlei no clube, Teresa era moleca e ia assistir às peladas. E a partir daí a gente se conheceu. Teresa era uma negra esguia, mais alta do que as meninas da idade dela, e não saía da quadra. Eu comecei a perceber. Toda vez que eu estava jogando na quadra, eu olhava e estava Teresa lá com as meninas, com as irmãs, com as coleguinhas. Mas a Teresa, de uma forma muito especial, sempre olhando e foi assim."

Não nos surpreende ouvir Danilo dizer que com 19, 20 anos, era fechado e introvertido. Ele imagina o que as pessoas deviam pensar quando olhavam para ele, "aquele negão com cara emburrada, negrão que não fala com todo mundo". Credita isso mais à timidez que a qualquer outra coisa, mas não era de um tímido a imagem que passava. Segundo sua própria definição, é um homem de poucas palavras e poucos risos.

Stephen, que conheceu Danilo no dia em que chegou a Valença, disse que no início ele foi agressivo, e só depois se tornaram grandes amigos. Danilo, por sua vez, fala com muito carinho do amigo inglês, cuja opinião sempre valorizou.

"O Stephen achava Teresa uma negra que tinha todo o biótipo para ser *top model*: magra, alta, esguia, bonita, elegante. Eu na verdade olhava para a irmã de Teresa, Eliane, que era mais rechonchuda."

Em nossa rápida visita ao tão referido casal, Edna, a baiana gente fina, lembra-se desse lado mulherengo de Danilo. E diz que sempre pedia para ele "não sacanear Teresa". Stephen, com seu humor genuinamente britânico, interrompe a mulher para defender o amigo: "Ele era muito cobiçado, apenas não resistia". E mais adiante acaba confessando com um carregado sotaque: "Eu tenho pena de mulher que se apaixona pelo meu amigo Danilo".

Ao que tudo indica, Danilo era mesmo namorador, mas lembra-se bem do primeiro beijo em Teresa.

"O Stephen tem um casal de filhos pequenos, Pablo e Adriana. Quando eles saíam para jantar, a gente tomava conta dessas crianças. Uma bela noite, a gente colocando as crianças para deitar e tal, **rolou um clima e a gente se beijou.**"

Danilo tenta explicar como era a relação com Teresa, cheia de começos, meios e nunca um fim.

"A gente tinha essa coisa meio maluca, porque eu tinha uma namorada, acho que no intervalo da minha relação, a gente ficou junto um bom tempo. Depois eu reatei a minha relação, depois terminei de novo, e voltamos a ficar juntos. Passou muito tempo, porque a Teresa foi embora para o Rio, estudar, foi fazer faculdade de jornalismo, e eu fiquei em Valença. A gente perdeu o contato, mas voltamos a nos encontrar de novo e ficamos um período juntos."

Perguntamos então se, em meio a tantas idas e voltas, ele se lembra da primeira vez de Teresa, de que ela mesma não se recorda muito bem:

"Eu lembro, sim, porque foram várias tentativas. Eu ouvia falar, quando era criança, que a mulher quando casava tinha de levar para a cama uma toalhinha, porque a gente tinha de dar a contraprova da virgindade. Eu ouvia histórias de que, quando a mulher perdia a virgindade, era quase um estupro, era uma coisa violenta, e então aquilo me criou muito pânico na cabeça. Como é que vai ser essa história? Por isso eu ficava muito preocupado, então até a gente consumar, eu e Teresa, demorou um tempo. Foi uma coisa muito cuidadosa, e cuidado, e cuidado, e cuidado. Aí chegou um dia em que não teve jeito. Na casa do Stephen e da Edna mesmo, as crianças foram dormir, e aí naquele dia rolou, foi muito legal, muito legal mesmo".

Danilo pára, pensando, e quando continua, vemos aflorar seu lado tímido, como ele diz, ou reservado, como preferimos definir. Ele diz que é uma coisa íntima, que mesmo se lembrasse mais detalhes não contaria. Depois de uma pausa, termina por adicionar à cena dois importantes elementos, o lugar e a trilha: diz que foi na sala e provavelmente ao som de Bob Marley.

Danilo também tem a sua versão para justificar a demora. Ele queria que tudo acontecesse direitinho, que a Teresa se sentisse bem, que não fosse uma coisa violenta, e sim tranqüila. Ele também tinha medo. Sabia que a primeira vez para a mulher, e sobretudo numa cidade do interior, era uma coisa importante, que ela ia carregar para a vida. Então ele acha bom que tenha sido assim, na hora em que ela se sentiu preparada.

A primeira vez foi um marco importante na vida de Teresa, pois a partir dali ela decidiu relaxar. O problema não existia mais, e agora ela podia curtir a história.

E depois? Depois Teresa continuou tendo problemas, só que eles mudaram. Achava esquisito ter dormido com alguém que não era nem seu namorado e que nunca viria a ser.

"Eu achava tudo muito moderno, eu acho, não conseguia muito acompanhar aquilo. Depois vi que a parte mais legal que a gente tinha era a amizade, e isso sempre continuou. Em nenhum momento isso foi perdido, até quando eu ficava com raiva porque eu via o Danilo com outra pessoa, mesmo nesses momentos o carinho e a amizade nunca foram perdidos. Aí, fui vendo que a gente ficava quando se encontrava, quando estava a fim, quando tinha a ver, depois eu comecei a trabalhar essa minha cabeça, ele não era meu. Eu podia ter outras pessoas também, podia encontrar um, encontrar outro, não tinha essa história. E assim foi. Quando a gente se encontrava era legal; quando não se encontrava, também estava bom. Quando ele casou fiquei arrasada, porque foi logo depois, foi o momento mais triste, foi uma novela mexicana, mas depois também passou e pronto, questão de trabalhar a cabeça, e passou."

A história toda durou uns dez anos, entre encontros, desencontros e reencontros. Ele casou, ela casou. Perto de casar ela concluiu que dez anos de história já eram suficientes. "Aí a gente parou, acabou."

Ele teve filhos, ela teve a fofa da Carol. Mas de vez em quando se encontravam, um ficava sabendo da vida do outro. Arrumavam pontes que os mantinham ligados. Quando Teresa estava se separando do pai da Carol, foi para Valença querendo encontrar, conversar, sabe-se lá o quê. Encontraram-se, ficaram juntos.

"Mas sem essa de 'vou me separar e vou ficar com ele', nada disso, era só o meu porto seguro, eu acho, era só uma calmaria que eu estava querendo para poder tomar uma decisão importante."
E tomou.

Teresa diz que daqui a um tempo, se ela estiver sozinha e ele também, pode até ser que role mais alguma coisa. Mas esclarece também que só aceitou dar a entrevista e reencontrá-lo porque sabe que agora não tem nada a ver.

Danilo diz que "é muito maluca essa coisa minha com a Teresa, porque, apesar de tudo, a gente sempre teve um carinho muito grande entre nós, um respeito muito grande entre nós, um afeto. Não é aquele tipo de experiência que vai pela primeira vez, tem um tipo de ruptura, cada um vai para o seu lado e nunca mais se encontra. Vira e mexe a vida coloca a gente no mesmo caminho, no mesmo trilho de novo, isso é importante".

Dessa última vez fomos nós que colocamos Teresa e Danilo no mesmo trilho novamente. Um pouco antes do dia marcado, ela demonstrava preocupação, ele ia furando e se esquivando dos telefonemas.

O encontro dos dois foi... simpaticamente constrangido. Danilo chegou primeiro e ficou na porta do restaurante Colonial de

Valença, cigarro na mão, esperando Teresa chegar. Ela no táxi, a caminho dali, lembrava uma adolescente tímida e, quando indagada, descreveu o frio na barriga que estava sentindo. Ao chegar, dois beijinhos e uma garrafa de vinho. Quando começam a conversar, a lembrar e a rir, fica cada vez mais evidente a sólida relação, construída ao longo de 25 anos. E lembramos as palavras de Teresa algumas semanas antes desse encontro: "**Ele virou um grande amigo.** Acho que foi a relação que eu tive que deu um fruto maior. Sempre quando estou passando por momentos difíceis, sei que eu posso pegar o telefone e ligar a qualquer hora porque ele vai me ajudar. Então é uma pessoa que foi muito importante. Esse tempo todo que demorou para a história acontecer foi válido para criar a consistência que existe hoje."

Duas garrafas de vinho depois, os amigos se levantaram para partir. Na porta do restaurante, despedimo-nos e perguntamos a Teresa se ela quer uma carona: "Não, ainda vamos dar uma passada na casa da Edna e do Stephen".

Patrícia

A primeira vez de Patrícia aconteceu na década de 1990, no bairro de Jacarepaguá, zona oeste do Rio de Janeiro, quando tinha 16 anos e estudava no colégio Joana Trevisan. Dessa história participam também Bruno e Daniel, o irmão de Bruno. Para saber qual é o papel de cada um, é preciso conhecer a todos.

Chegamos para entrevistar Bruno na escola onde ele e Patrícia haviam estudado fazia dez anos. Fomos recebidos por dona Joana, uma senhora simpática, de cabeça branca, preocupada em servir um café fresco, que se dirigia ao entrevistado chamando-o de "Bruninho", como se ele ainda fosse o menino com quem conviveu tempos atrás. Dona Joana era a mesma diretora da época de colégio de nossos personagens. "Bruninho" era o homem alto, barbado e introspectivo que estava ali à nossa frente.

Impaciente ou talvez ainda um pouco reticente, Bruno parecia não saber exatamente o que estava fazendo ali e por que afinal tinha concordado em relembrar essa história. Se é que já estava de fato incomodado com toda aquela situação, ficou ainda mais quando, a nosso pedido, sentou-se desconfortavelmente em uma das carteiras da sala de aula.

Bruno Scatena tem 24 anos e é produtor. Conheceu a Patrícia ali mesmo, no colégio, muito provavelmente quando estavam no ginásio, talvez na quinta ou sexta série. Os dois estudaram juntos até o terceiro ano do segundo grau. Ele diz que por um período "foram bastante ligados, tinham uma amizade".

Bruno queria ser astro de *rock*, era cabeludo, questionador, o rebelde da turma.

Patrícia era uma menina simpática. Aqueles que se aproximavam iam naturalmente gostando da companhia dela.

Ele não tinha um interesse especial em Patrícia. Eram amigos, por um período foram muito amigos, depois um distanciamento natural aconteceu. No segundo grau Bruno já namorava uma menina mais velha, de outro colégio, com quem depois viria a se casar. Por parte de Patrícia, diz, a coisa era declarada, assumida. A "coisa" era o seguinte: **Patrícia era apaixonada por Bruno, e todo mundo sabia.**

"A Patrícia, nessa paixonite, começou a ligar lá para casa, naqueles telefonemas em que não se fala nada. A pessoa atende e, do outro lado, ninguém fala nada. O meu irmão, Daniel, havia voltado de uma temporada que passou no Ceará. Ele estava numa fossa de dar gosto, em casa, longe dos amigos de lá. Os telefonemas começaram a acontecer com uma freqüência maior. Se eu não me engano, foi uma noite em que faltou luz, e por isso não havia nada para se fazer em casa. Eu saí, meu irmão ficou. Ele e as mágoas dele. E o telefone tocando. Esse talvez tenha sido o gancho. Numa noite sem luz e sem nada, apareceu uma distração para um cara que de repente estava sem conversar com ninguém e numa *bad*."

Bruno saiu de casa e não viu o que aconteceu a partir de então. Depois da entrevista, seu Jorge, inspetor do colégio, veio todo satisfeito segurando uma foto de Bruno e seus amigos aos 15 anos. Sim, lá estavam os cabelos compridos e a pose descolada. Na foto da galera, Bruno está na frente, sentado no chão, olhando séria e diretamente para a lente da câmera. Não se vê ali nenhum vestígio de insegurança, apesar de sabermos que a pose de um adolescente esconde muita coisa. Aparência + namorada mais velha + banda de *rock*; fizemos a conta de cabeça e a conclusão foi: Bruno era aquele garoto por quem todas as meninas da sala são apaixonadas. Saímos do colégio e fomos direto para a casa de Daniel.

Daniel nos recebeu ainda na porta do elevador e, simpático, convidou-nos a entrar. Por algum motivo, ficamos com uma leve impressão de que ele é que queria sair, ir embora, desistir. Agora era tarde. A barba malfeita, o ar um pouco cansado e um sorriso amigável mal disfarçavam o nervosismo e uma certa vontade de acabar logo com aquilo.

Devidamente instalado em sua cama de solteiro, Daniel começou a falar. Conheceu Patrícia quando tinha uns 24, 25 anos. Nessa época, tinha acabado um namoro onde morava, em Fortaleza, e veio passar um ou dois meses na casa da mãe, a mesma casa onde estávamos.

Daniel lembra os primeiros telefonemas que atendeu com o "mudinho" do outro lado. Bruno um dia comentou que uma menina do colégio era apaixonadinha por ele e estava ligando insistentemente. Daniel deduziu que devia ser ela a autora dos telefonemas que vinha atendendo. Movido pela curiosidade ou pela simples falta do que fazer, Daniel começou a conversar com ela, ou melhor, começou a falar ainda sem nenhuma resposta. Aquilo se repetiu algumas vezes até que ela acabou dando corda e assim eles se conheceram, pelo telefone.

"Não lembro muito o teor das conversas, mas lembro que eu falava um monte de sacanagem para ela. Tadinha da bichinha, eu fazia um monte de piadinhas para ver se tinha alguma reação, até conseguir que ela respondesse. Eu dizia coisas do tipo: 'Não está falando por quê? Quero ouvir tua voz'. Coisas assim. Não tenho uma lembrança muito forte disso, mas acredito que, depois da primeira conversa, ela começou a ligar para mim. Isso durou muito pouco, menos de um mês. Foi o tempo que a gente teve contato aqui no Rio."

Foi Daniel quem insistiu para que se vissem. Patrícia já sabia onde ele morava, já tinha ido lá com o irmão, então, que tal seria ir lá para conhecê-lo? Um dia ela telefonou para ele e foi direta: amanhã iria à casa dele à tarde, depois da aula. "Pois que venha", disse Daniel.

Quando conversavam, Daniel tentava saber mais sobre ela e, na falta de informação, acabava fantasiando: deve ser assim, deve ser assado. Só sabia que era uma menina ruiva, de cabelo bem vermelho. O irmão tinha falado isso, e também que a namorada não gostava dela. Mas Daniel não tinha a menor idéia de como ela era até conhecê-la pessoalmente.

Nós também não. Até encontrarmos Patrícia, só sabíamos o que tínhamos ouvido de Bruno e Daniel. Aliás, sabíamos um pouquinho mais, porque Patrícia foi um daqueles casos de entrevistado difícil. Chegamos até ela por intermédio de Daniel e Bruno e, quando mandamos o primeiro *e-mail*, ela ficou muito desconfiada: "Falar da primeira vez? Isso só pode ser uma brincadeira". Depois de mais alguns *e-mails* e telefonemas, esclarecimentos feitos, ela topou e, diga-se de passagem, até se entusiasmou bastante com a idéia. Foi aí que pintou o problema: ele é moreno, alto, atende pelo nome de Leandro e é marido de nossa entrevistada. Leandro simplesmente não gostou nada dessa história — falar da primeira vez e ainda ter que encontrar com o cara? — e deixou isso muito claro no *e-mail* que nos mandou quando já estávamos prestes a marcar a entrevista:

> *Gostaria de informar que desejamos que a entrevista seja cancelada, por motivos pessoais [...] a Patrícia e eu tivemos uma crise, e chegamos à conclusão de que esta matéria estava interferindo em nosso relacionamento.*

Nossa sorte é que a própria Patrícia se encarregou de resolver o assunto. Conversou, conversou e convenceu o marido de que essa história aconteceu há muito tempo e, claro, isso nada tinha a ver com o amor dela por ele e blablablá. Afinal, Patrícia só tinha visto Daniel duas vezes na vida, e isso fazia dez anos.

Graças ao empenho de Patrícia — ufa! —, lá estávamos nós, a caminho de Araruama, antiga terra dos índios matarunas, hoje uma das maiores cidades da Região dos Lagos (RJ). Araruama abriga uma parcela significativa da classe média carioca atraída pelo sossego e tranqüilidade durante a maior parte do ano, entre eles Patrícia e Leandro.

A casinha branca de Patrícia e Leandro cheira a incenso, tem altarzinho com vários símbolos esotéricos, uma parede colorida e uma cadela solta no quintal.

Patrícia tem hoje 25 anos, é formada em publicidade e trabalha com artesanato. Ela faz aqueles bonequinhos que enfeitam bolos de casamento, ou, nas suas próprias palavras, noivinhos personalizados em *biscuit*. A coisa funciona mais ou menos assim: os noivos mandam uma foto, dizem o que querem e ela cria os bonequinhos. O resultado está todo lá, em um álbum de fotos que reúne as suas principais criações. Noventa e nove por cento das encomendas de Patrícia são feitas por internet, por isso ela enche a boca para dizer que é livre e pode morar onde quiser.

De todos os lugares do mundo onde poderia viver, Patrícia escolheu Araruama, a poucos quilômetros da casa dos pais e do irmão. Ela saiu do Rio porque estava cansada da violência e do estresse da cidade grande, mas isso não quer dizer que não sinta saudade do seu antigo bairro de Jacarepaguá. Aliás, saudade é uma coisa que Patrícia sente muito: do bairro, dos amigos, da adolescência, da época em que estudava no colégio Joana Trevisan. "Era uma época muito legal, só curtição, não tinha problema." A saudade é tanta que, ao que parece, foi um pouco para amenizá-la que Patrícia topou embarcar nessa viagem rumo àquele tempo. Naquela época sua principal diversão era se reunir com os amigos, tomar cerveja e tocar uma musiquinha.

Patrícia ainda é muito, muito simpática. A fala rápida e contínua deve ter também estreita relação com uma confessada mistura de ansiedade, nervosismo e excitação despertada pela nossa presença. Quando chegamos, Patrícia vestia uma saia rosa que, não por acaso, combinava com os colares de contas em volta do pescoço. Sim, ela mesma reconhece que hoje faz um estilo meio riponga. Pedimos que falasse sobre sua adolescência e sobre Bruno.

"No começo a minha relação com o Bruno era de amigo de colégio, a gente fazia trabalho junto, aquela coisa toda. Depois eu acabei realmente gostando dele, aquela paixonite de adolescente, sabe? E foi só. Acabou o colégio, acabou a paixonite, acabou tudo. A gente perde o contato, acaba. Nem liga mais. Outras coisas começam a acontecer na sua vida, e é tudo tão rápido que você até esquece as coisas."

Patrícia diz que era meio óbvio que ela gostava dele. E solta a sonora gargalhada que se repetiria algumas vezes durante a nossa conversa. "Todo mundo nota e todo mundo brinca. 'Ah, tá gostando' e tal. Era bem sabido que eu gostava dele."

O Bruno fazia um estilo mais revoltado. Patrícia adorava. Meio caladão, na dele, embora tivesse muitos amigos e andasse sempre com uma galera. Quando perguntamos se ele era bonitinho, Patrícia é enfática e... bonitinha.

"Ah, **o Bruno era o xodó do colégio.** Fazia aquele estilo que todo mundo achava bonitinho. Cabelo comprido, branquinho, com aquela carinha. Normalzinha assim, carinha de bonzinho. Não havia quem não gostasse dele."

Ela não se lembra de ter chegado um dia e dito que gostava dele, não chegou a falar: 'Eu gosto de você'. As coisas foram acontecendo. E, mesmo antes do Daniel aparecer, já havia um terceiro elemento nessa história.

"A minha melhor amiga também gostava dele. E ela também era muito amiga dele, então ficou meio um triângulo amoroso que não podia acontecer, entendeu? A gente não tinha ciúme uma da outra, não tinha competição, a coisa era muito normal para a gente, ela vivia lá em casa, a gente ficava o tempo inteiro juntas, era engraçado. Eu sempre fui uma pessoa ciumenta, possessiva, mas com ela isso não acontecia. A gente ainda ficou amiga por muito tempo, continuamos com a nossa relação normalmente, por incrível que pareça. Hoje a gente perdeu um pouco o contato pela distância e tal."

Patrícia acha que, em vez de tomar alguma atitude em uma situação delicada como essa, Bruno preferiu afastar-se. Perguntamos então como foi que Daniel apareceu e ela conta a história dos telefonemas numa versão um pouco diferente das anteriores.

"Um dia, eu estava ligando para a casa do Bruno para marcar alguma coisa de trabalho de colégio, alguma coisa assim. Eu ligava sempre para a casa do Bruno, até porque, claro, quando você está gostando de alguém, você quer falar o tempo inteiro, só o tempo de colégio não é suficiente. Você liga para a casa da pessoa nem que seja para perguntar se está vendo o clipe que está passando na televisão. Mas nesse dia o Daniel atendeu. Eu sabia que o Bruno tinha um irmão mais velho que morava em Fortaleza, mas não fazia a menor idéia de que o Daniel estava no Rio. O Bruno não estava em casa, e a gente começou a conversar pelo telefone. Quer dizer, ele começou a conversar, a dar trela, e eu fui respondendo. O meu medo era, de repente, o Bruno chegar e falar: 'Pô, ela está conversando com o meu irmão e tal, não vou mais dar trela para ela'. Por causa disso eu inventei um outro nome, falei que me chamava Andréa."

Patrícia dá uma risada lembrando a história, não sabe de onde tirou esse negócio de "Andréa" que ela mesma inventou e que depois teve de sustentar por um tempo. Ela, ou melhor, Andréa e Daniel passaram a conversar todos os dias. Era ela quem ligava, ele não tinha o telefone da casa dela: "Como é que ele ia ligar lá pra casa e dizer: 'Quero falar com a Andréa'. 'Não tem Andréa nenhuma'?". Até que um dia, num papo com o irmão, Bruno sacou que tal da Andréa devia ser a amiga do colégio que era apaixonada por ele. Mais tarde, quando "Andréa" ligou, Daniel falou: "Olha, você não é Andréa, você é Patrícia, amiga do meu irmão". Patrícia calou e consentiu. Mistério esclarecido, eles continuaram a se falar. Ela ri: "Rolou mais como uma piada mesmo, tipo, nossa, que imaginação fértil, inventar um outro nome. Isso é coisa de filme".

Patrícia parecia estar se divertindo. Certamente ela não se arrepende de nada do que fez, conta as histórias com orgulho e uma ponta de nostalgia. A essa altura, ela já nos conquistou. Dá vontade de ficar amiga, de chamar para um chope, de prolongar a conversa. Lembramo-nos então de Bruno, caladão, fechado. E Daniel, um pouco mais velho, um pouco mais vivido, talvez um pouco mais sarcástico. Mas não vamos adiante na especulação, até porque a memória de Patrícia não é áspera, mas generosa.

"Pelo que eu me lembro, a iniciativa de a gente se conhecer partiu dele. A gente já estava conversando no telefone fazia um tempão, mas, por incrível que pareça, aquilo para mim não tinha uma conotação de se conhecer, de chamar para sair, algo do tipo 'ah, quero te conhecer para ver o que rola'. Isso não passava pela minha cabeça."

Ela não sabe exatamente o que passou pela sua cabeça quando ouviu de Daniel: "Você já sabe onde é que eu moro, então vem aqui para a gente bater um papo, trocar uma idéia". Talvez fosse ingenuidade, mas ela diz que uma das primeiras coisas que pensou foi: **"Ah, legal, vou conhecer o irmão do cara.** Pô, já conheço a mãe de vista, agora vou conhecer o irmão".

Patrícia não respondeu logo. Tinha de pensar, ficou preocupada com seus pais, que sempre sabiam onde estava a filha adolescente. Está na casa de uma amiga? Que amiga? Eles conheciam todas as amigas dela. Patrícia conta como resolveu a questão.

"Eu não podia dar o mole de dizer que estava na casa da fulana e não estar. De repente eles ligavam para a casa da pessoa e aí? A coisa tinha de ser muito bem esquematizada para que não desse problema para mim. Eu falei: 'Vou ver se consigo ir, mas ligo para confirmar, para você não ficar me esperando à toa'. E aí na mesma hora eu inventei um lance. Eu tinha uma amiga que morava pertinho do colégio e da casa do Bruno, então falei: "Luciana vou para sua casa e depois vou sair". Em cinco minutinhos andando eu chegava à casa do Daniel, era rapidinho, território livre, dava para circular sem problema."

Ou quase.

No dia combinado, foi para a escola normalmente, voltou para casa e, à tarde, o pai a levou para a casa da amiga. "Tchau, até mais tarde", ele seguiu com o carro para um lado e ela seguiu a pé para o outro.

Patrícia diz que não sabia, não fazia a mínima idéia, do que estava para acontecer. Na verdade, sua preocupação era outra: "O meu medo enquanto estava andando na rua era encontrar o Bruno no meio do caminho. Meu pânico era que ele me visse indo para a casa dele".

Ela só pensava nisso. Era uma andadinha de cinco, dez minutos no máximo, e aquele pensamento consumindo a menina de 16 anos, até que, meio caminho andado... não podia dar outra. Patrícia cruzou justamente com Bruno. Ela de um lado da calçada, ele do outro. Ele parou, olhou, quase falou. Ela não parou, fingiu que não viu e... correu. Correu desesperadamente e só parou na portaria do prédio dele (ou deles). Foi entrando ainda preocupada, olhando para um lado e para o outro, com jeito de fugitiva, como se estivesse fazendo alguma coisa de muito errado.

Patrícia tocou a campainha. **Estava nervosa, o coração querendo sair pela boca.** Ela pensava: "Não acredito, ele me viu logo na única situação em que não podia me ver". E logo depois se deu conta de que não era tão óbvio para onde ela estava indo. Mas, para se convencer de verdade, tinha de elaborar um pouquinho mais: "Ah, de repente isso nem passou pela cabeça dele, deve ter achado que eu estava indo comprar alguma coisa, qualquer besteira". E ficou mais tranquila quando lembrou que o encontro não tinha sido na porta do prédio, e falou baixinho para se convencer de uma vez: "Passei no meio do caminho, todo mundo mora perto, eu passei no meio do caminho, só isso".

Daniel lembra que ela chegou por volta de duas da tarde. Pouco antes, com toda a moral de irmão mais velho, disse para Bruno que queria ficar sozinho com a menina.

Quando Daniel abriu a porta, Patrícia levou mais um susto. Daniel, é claro, era totalmente diferente do que tinha imaginado. Ele também não a conhecia, então ficou aquela coisa do tipo "ah, você é você?". Os objetos de cena de que ela se lembra são três maços de cigarro abertos em cima da mesa e o copo de conhaque que ele estava tomando.

Daniel lembra que tomava cerveja e que conversaram na sala durante quase uma hora até que **ela falou que tinha ido lá para ficar com ele.**

Patrícia tem convicção de que foi ele quem tomou a iniciativa. Não era uma pessoa tímida, mas também não teria coragem de "ir para cima". Alguns anos depois, com a experiência, ela ficou mais relaxada, mas na época, diz, com certeza a iniciativa foi dele.

Daniel também tem as suas certezas:

"Eu acho que foi planejado, tenho certeza de que ela comentou que já tinha vindo com meu irmão aqui, só que não tinha acontecido nada".

Eles ficaram.

O amasso esquentando e Patrícia só pensava numa coisa: "O que o irmão dele vai dizer quando souber?". Ela diz que não esperava aquilo, que foi realmente na inocência, sem saber o que ia acontecer. E que no começo ficou assustada.

Até aquele momento, os dois nunca tinham tocado no assunto "virgindade". Daniel não sabia se Patrícia era virgem, mas ficou impressionado que uma menina aceitasse transar com ele duas horas depois de se conhecerem.

Patrícia desconfia de que ele planejou tudo. Era um cara muito mais velho, já tinha uma outra vida, era independente, ao passo que ela ainda estava ali na barra da saia da mãe. Os momentos de vida eram bem diferentes, diz. Por isso tudo ela acredita que ele tenha planejado, mas faz questão de esclarecer que não acha que isso seja um traço de mau-caratismo.

Patrícia então divide com a gente mais umas pecinhas de recordações.

"Foi assim: eu estava vendo as fotos, quando notei que ele estava vindo para cima de mim e eu me assustei. Aí a gente se beijou e, quando eu vi, a coisa me parecia inevitável. E então fui categórica, virei para ele e falei: **'Sou virgem, você tem camisinha?** Se você não souber onde fica o seu irmão já me falou, fica na gaveta tal do armário dele. Você, por favor, pega porque eu sei que tem'. Eu me lembro de que ele morreu de rir dessa situação, e falou:

'Caramba, cara, você é muito detalhista!' E eu: 'Olha, sou virgem, vou avisando logo, tome cuidado com o que você vai fazer'." Daniel acha que tomou cuidado, mas... gostar, não gostou. Acha que não foi muito bacana para nenhum dos dois. Não tinha envolvimento, eles não se conheciam. Foi engraçado, diz: "A gente acabou transando; dez minutos depois ela foi embora".

Patrícia se lembra de uma sensação de alívio, foi isso que ficou. A maioria das pessoas, diz ela, tem um ideal: um momento especial, com a pessoa perfeita, tudo muito romântico. Ela sempre pensou diferente. O pai dela dizia que sexo era uma coisa muito simples e que alguém criou essa história de virgindade. O importante nisso tudo é sentir-se bem e ser responsável. Patrícia nunca deu muita importância ao assunto. O momento perfeito, ela acha, vem mil vezes depois.

"Da primeira vez é doloroso, complicado, é uma situação que você não sabe o que tem de fazer, você não tem experiência, não tem a malícia daquilo. Para mim, depois, foi realmente uma sensação de alívio. **Pensei: 'É isso?'**. Tanta gente fala tanta coisa que a gente fica até pensando que será um bicho-de-sete-cabeças. Mas foi muito legal."

Daniel acha que Patrícia foi corajosa. "Parece aquela conversa que a gente lê na revista *Capricho* quando é adolescente e quer entender menina: a menina tem de ter atitude e transar logo para depois ser feliz. Foi isso que ela fez, e eu achei o maior barato, achei bacana de verdade."

No caminho de volta até a casa da amiga, Patrícia correu de novo. Dessa vez não de nervoso, mas de ansiedade. Estava louca para chegar o mais rápido possível e contar para ela o que tinha acontecido. Se tivesse um celular, teria ligado de dentro do elevador.

"De uma hora para outra eu passei de 16 para 30 anos. Eu me senti um mulherão andando na rua. Não acreditava que tivesse acontecido, e de uma forma tão simples. Eu tinha a sensação de que todo mundo estava me olhando na rua. **Parecia que eu estava com uma placa: 'Perdi a virgindade há meia hora'."**

Perguntamos a Bruno como é que ele ficou sabendo o que tinha acontecido. A resposta foi um pouco confusa. Primeiro ele disse que apenas deduziu, que nunca ficou sabendo como ou quando tudo aconteceu. Depois se lembrou de uma conversa com Daniel: "Meu irmão me contou de uma forma muito direta: 'Sabe aquela? Então...' Eu pensei: 'Que engraçado!'. Foi só. Não veio nenhum outro sentimento que envolvesse grandes surpresas, grandes emoções. Foi só curioso".

Diz que ele e Patrícia jamais falaram sobre o assunto. E parece que não falaram mais sobre muita coisa. Como ele já disse, houve um afastamento natural. No final da entrevista, Bruno usa uma imagem forte, carregada de tintas: "Nessa história, eu já não era mais um jogador; nesse jogo, eu estava de fora, não estava mais participando da jogada".

Patrícia sempre ficou na dúvida se devia chegar e conversar com Bruno, embora já soubesse que ele sabia, pois estava estampado na cara dele. Na época pensou que provavelmente o irmão teria contado. E tenta elaborar uma teoria: "Talvez por isso não senti necessidade de manter contato com o Daniel". Finalmente, confessa, num momento de escancarada sinceridade: "Eu queria de certa forma esquecer que aquilo tinha acontecido. Era o irmão do cara de quem eu gostava! Era melhor deixar para lá porque ainda existia uma possibilidade de as coisas terminarem de um outro jeito".

Bruno hoje também acha que Patrícia foi corajosa, o que foi demonstrado desde o primeiro momento, quando ela não escondeu que gostava mesmo de um garoto da escola. Acha também que ela correu atrás e acabou procurando, pelo caminho dela, se livrar da virgindade. Parece que isso aconteceu mesmo.

"Acho que eu me senti superpoderosa. Sempre fui uma pessoa autêntica, porque eu defendia o meu ponto de vista, questionava tudo. **Eu tinha amigas que seguiam aquela regra de 'só vou casar virgem'.** Embora fossem pessoas com quem eu me desse muito bem, quando chegava nesse assunto era uma desarmonia total. Eu sempre achei justamente o contrário. Não era uma meta minha, mas achava muito legal perder a virgindade com uma pessoa que você não tem a menor pretensão de depois encontrar. Se não for legal, se você não estiver a fim, você não tem vínculo nenhum, é muito mais fácil. No dia seguinte eu não tenho de fingir que eu estou feliz, que foi uma noite mágica."

Depois disso Patrícia e Daniel se encontraram ainda uma vez. Ela acha que foi um mês depois; ele, um ano. Daniel diz que ligou, ela diz que foi por acaso no meio da rua. Os dois concordam que foram parar na praia da Barra e lá tomaram algumas cervejas falando da vida. E ali mesmo, enquanto contavam amenidades tentando disfarçar o constrangimento mútuo, Patrícia pensou que, caso se encontrassem dali a cinco, dez anos, também tomariam uns chopes, trocariam telefones, mas jamais se ligariam. Tinha certeza de que nunca seriam amigos.

Patrícia de fato não podia saber que seu pensamento realmente ia se concretizar. Dez anos depois, na mesma praia da Barra, Patrícia se encontraria com Daniel pela terceira vez na vida. Dessa vez com as seguintes ressalvas: o encontro não era casual e contava com a presença de Leandro. O marido de Patrícia fez questão absoluta de acompanhar o encontro. Nos dias que antecederam a entrevista e o encontro, ela pensou muito sobre isso:

"Eu sei que já se passaram quase dez anos, e eu estou muito diferente do que era, ele provavelmente está diferente do que era. Hoje sou uma mulher casada, ele, pelo que sei, tem uma namorada, uma esposa, e a vida da gente já mudou bastante. Acho que a gente vai se encontrar e eu de cara vou começar a rir, porque quando fico nervosa eu rio, e vou falar caramba. Meu marido está junto porque eu faço questão de que ele esteja junto nesse encontro e tal. Embora ele não me diga, rola uma curiosidade, então acho que vai ser engraçado".

A caminho da Barra, Leandro preferiu não se manifestar, seguiu em silêncio durante praticamente todo o trajeto. Perguntamos a Patrícia o que ela acha que não mudou nela desde os seus 16 anos até hoje.

"Acho que a personalidade. Acho que não muda a personalidade forte, no sentido de ir atrás do que eu quero e não me importar muito com o que isso vai parecer a outra pessoa, e saber que eu sou responsável pelas conseqüências. Na verdade só mudou o modo de me vestir e a idade. Uns quilinhos a mais, mas o resto acho que não muda não."

Do outro lado da cidade, ainda na produtora onde trabalha, Daniel fumava o último cigarro antes de desligar o computador. Ao sair, brincou com os colegas pedindo boa sorte: **"Espero que o marido dela não seja violento"**. No caminho, parou num boteco para comprar um "maço de reserva", entrou no velho carro — o mesmo que tinha acabado de comprar quando conheceu Patrícia —, e rumou para a Barra da Tijuca.

Quando Patrícia chegou ele já estava lá, esperando na mesa do quiosque: cigarro aceso e um copo de chope na mão. Ela chegou sozinha, eles se cumprimentaram, deram um sorriso amarelo. Ela sentou, pediu um refrigerante e, como previsto, desandou a falar. Daniel logo pegou o ritmo e tome conversa, o papo foi um *trailer* de dez anos da vida de cada um: a família, o trabalho, os casamentos, a "primeira vez" de Patrícia, as entrevistas e a situação inusitada em que se encontravam. Daniel contou que passou por dois casamentos, e hoje está de volta à casa da mãe, "como é bom morar em casa de mãe". Patrícia riu. Disse que, quando saiu da casa dos pais, curtiu muito antes de decidir casar. Achava que casar devia ser chato. Conta que conheceu o marido pela internet, e Daniel achou isso incrível. Num determinado momento, Leandro, que estava o tempo todo ali por perto, observando, aproximou-se e foi convidado a sentar. Apresentações feitas, mais um pouco de papo até que não havia mais muito o que dizer.

Não sabemos o que se passou na cabeça de Patrícia ao reencontrar o homem com quem perdeu a virgindade. Tampouco podemos adivinhar o que vai acontecer ou como acaba a nossa história. Talvez entre uma frase e outra, entre um gole de refrigerante e uma tragada no cigarro, Patrícia tenha pensado que jamais seriam amigos. Talvez não.

O fato é que, umas duas horas depois de se encontrarem pela terceira vez na vida, Daniel e Patrícia se despediram com um abraço, **dois beijinhos e um "até mais"**. Ela deu a mão para o marido e, antes de ir, virou-se para falar uma última coisa com Daniel: "Diz para o Bruno que eu mandei um beijo!".

Fora do armário

Sair do armário é a expressão que se usa para definir o momento em que um homossexual revela para o mundo a sua orientação sexual. Quando pensamos nesse tema, optamos por conversar com casais homossexuais do sexo masculino e feminino que já estivessem fora do armário há algum tempo. Primeiro, porque essas pessoas poderiam se sentir mais à vontade para falar abertamente sobre a primeira vez e, segundo, porque queríamos falar também da primeira vez do casal. Talvez tenha sido ingenuidade acreditar que, nos dias que correm, em que a diversidade é cada vez mais festejada na televisão, no cinema e na sociedade, isso seria uma tarefa fácil. Não foi.

Encontrar esses casais foi surpreendentemente difícil. O que aconteceu mais de uma, duas, cinqüenta vezes foi que uma pessoa topava e, ao consultar o companheiro(a), descobria que ele ou ela se opunha veementemente. Muitos justificaram dizendo que eram tímidos ou que teriam problemas profissionais. Outros, uma falta de diálogo aberto na família, antigas mágoas e desentendimentos. Houve também, claro, quem simplesmente não quisesse se expor. Para nós ficou evidente que, se íamos falar da primeira vez, tínhamos de falar também do conflito que ainda hoje vivem os casais que assumem publicamente sua orientação sexual.

Sílvio e Fausto, Cila e Eliana, Nelson e Luís Carlos, Lígia e Renata abriram definitivamente seus armários e sua intimidade e nos presentearam com pedacinhos preciosos de suas vidas em depoimentos emocionantes para entrevistadoras e entrevistados. Os casais que finalmente toparam participar foram corajosos, sinceros e demonstraram, em todos os encontros, muito orgulho de contar sua experiência. Para eles, falar publicamente parecia ser também uma forma de contribuir para o sonhado mundo da diversidade. Mas nós saíamos de suas casas achando que este provavelmente seria o capítulo mais romântico do livro.

Sílvio e Fausto

Chegamos à casa de Sílvio e Fausto numa noite de verão que beirava o insuportável. Quando abriu a porta do apartamento localizado no histórico bairro do Santo Cristo (RJ), Sílvio suava de calor e nervosismo. Fausto ainda não estava. Começamos a conversar. A timidez desse começo de conversa, recorrente em muitos entrevistados, não combinava com o que veríamos alguns dias depois, quando visitamos o casal no ensaio da Estácio de Sá, uma das quatro escolas de samba em que iriam desfilar no carnaval. Aos poucos, Sílvio foi ficando mais à vontade, porém não disfarçou seu alívio quando passou a bola para Fausto assim que o companheiro chegou. Também muito ansioso, Fausto falou de sua vida enquanto era observado por Sílvio, de longe.

Fausto e Sílvio têm muitas coisas em comum e até se parecem fisicamente: morenos, esguios, de porte atlético, sorriso franco e aberto, lindos. Dizem que não é raro as pessoas chamarem um pelo nome do outro. Os dois têm um jeito semelhante de falar, rir, olhar, provavelmente construído na cumplicidade de um relacionamento de muitos anos.

Fausto depois nos confessou que até há pouco tempo não falaria sobre sua primeira vez e seu casamento com ninguém. Hoje está mais relaxado e também mais feliz. A porta do armário completamente escancarada.

Quando juntamos Fausto e Sílvio em sua cama para mais algumas perguntas, o clima já era diferente. Mais cúmplices e carinhosos, um completava o outro colorindo melhor os deliciosos episódios que constroem essas histórias de vida e de amor.

Sílvio Naraque tem 28 anos, é cabeleireiro, trabalha em Botafogo e mora no Santo Cristo. Sua primeira vez foi por volta dos 10, 11 anos.

Fausto é paulista, tem 23 anos, é professor de dança e mora atualmente no Rio de Janeiro. Tinha entre 10, 11 anos quando perdeu a virgindade.

Dez, 11 anos? A idade precoce e coincidente nos chamou imediatamente a atenção. Dois meninos! Achamos que pudesse ter sido uma experiência traumática para algum deles ou para ambos. Logo vimos que não.

A primeira vez de Sílvio aconteceu brincando, literalmente. Ele perdeu a virgindade com um primo que era um ou dois anos mais velho, durante um pique-esconde. Lembra que estavam nas ruas de paralelepípedo do bairro e, **entre um esconderijo e outro, os dois se encontraram e pronto.** Não foi inesperado, diz, que nessa época já tinha "uma certa malícia a respeito do sexo". Sente que contribuiu ativamente para que acontecesse, acha até que provocou. Quando se lembra do dia, Sílvio abre um discreto sorriso.

"Iniciativa minha, isso mesmo. Não teve susto, mas, por incrível que pareça, tudo o que eu imaginei foi o que aconteceu, de ter o contato mesmo, e fui correspondido, esse foi o grande barato da história. Não teve nenhuma frustração. Olha, o momento em que eu tive a certeza da minha opção sexual foi justamente o da primeira vez, pelo interesse que eu tinha pelos meninos, de admirar o corpo masculino, de me sentir bem ao lado deles. Então, aí eu já sabia o que eu queria."

Sílvio, muito menos nervoso, já estava curtindo mergulhar nas memórias carinhosamente guardadas, o que não deixa de ser também uma forma de revivê-las.

"Com certeza, a primeira vez sempre é marcante, e você sempre leva isso para o resto da vida. Hoje eu estou com 28 anos, isso aconteceu quando eu tinha meus 10 anos, e marcou, ficou. E teve um peso também. De saber o que eu queria, por quê, e levar isso à frente, ao ponto de hoje em dia ter uma relação com um homem. Que é uma relação maravilhosa, e de tão maravilhosa passar isso para as nossas famílias, para quem convive com a gente, ou seja, tudo isso é reflexo do que aconteceu lá no início, lá nos meus 10 anos."

Apesar de as lembranças serem boas, Sílvio nunca conseguiu contar esse episódio para ninguém. "Nunca, nunca. Só quem sabia era eu e a pessoa com quem eu estava. E ponto."

Naquela época, ele e os quatro irmãos viviam com a mãe, os pais haviam se separado quando ele tinha 7 anos. Sílvio não conviveu com uma figura paterna e acha que, como mais velho, tentou suprir um pouco dessa falta para os irmãos. Como era de esperar, Sílvio não conversou com a família sobre a brincadeira de pique-esconde e sua relação com o primo, que, por sinal, não acabou aí.

"A gente teve contato durante toda a infância, toda a adolescência, até hoje ainda tenho contato com todos eles, não só esse da primeira vez. Depois fica mais gostoso. Depois da primeira vez, teve outras, e depois passou um tempo, ele chegou a casar, teve filhos, aí a gente não teve mais contato."

Sílvio cresceu e se tornou um adolescente curioso, um cara sem tribo fixa, com muita fome de descobrir o mundo: ora funkeiro, ora *hippie*, ora pagodeiro. Assim, viveu uma adolescência de descobertas. E, nesse período, mesmo se interessando por meninos, Sílvio teve também uma primeira vez com uma menina, aos 15 anos.

"Eu vou ser bem sincero com você, foi complicado porque, primeiro, **meninas não eram o meu prato principal!** Eu sempre me interessei pelos meninos. Era meio desconfortável falar. Pela discriminação. O que vão falar? O que vão pensar?"

Sílvio se lembra do episódio com um tio machão que marcou sua infância. Ele tinha umas primas com quem adorava brincar: de casinha, de boneca... "Eu estava sempre lá no meio. Futebol? Nem me chama, nunca gostei de futebol." Um dia estava dançando com as primas e saiu para pegar um copo d'água. Quando passou pela sala, ouviu o vozeirão do tal tio: "Isso é coisa de veado!".

"Foi chocante para mim, porque eu nunca tinha escutado esse tipo de coisa. Essa frase ficou marcada, eu nunca mais me esqueci."

Aos 15, todos os amigos de Sílvio já saíam com garotas ou tinham namorada. Alguns começaram a estranhar o comportamento do colega, e ele sentia isso. Como qualquer garoto de sua idade, Sílvio tinha muito medo de ser discriminado, de ficar na berlinda. Por isso, por se sentir pressionado e não por uma curiosidade adolescente, ele tratou de arrumar uma namorada.

"Aí você imagina, um adolescente, com seus 15 anos, não gostando de manter aquela relação com meninas e sim com meninos. Imagina a cabeça da criança, enlouquecida. Então foi difícil, complicado, a primeira vez com meninas."

Sílvio sorri, diz que certamente não era a primeira vez dela, era uma menina "experiente". Ele conversou com ela, disse que nunca havia tido contato com meninas. Perguntamos se foi frustrante e Sílvio responde que **foi desesperador**.

"Com meninas eu não tinha malícias, as minhas malícias eram com os meninos. Eu acho que é bem mais fácil você lidar quando você gosta do que vai fazer, tudo sai naturalmente. Aí, quando é imposto, fica complicado, e por isso foi desesperador."

Em compensação, essa primeira vez tinha uma vantagem: ele podia contar para todo mundo.

E o namoro durou anos! Até que, numa bela manhã, Sílvio foi até a casa dela e disse que não dava mais. Para ele, foi um grande alívio, para ela, uma péssima surpresa. Sílvio queria acabar com o fingimento, queria parar de enganar aos outros e a si mesmo, mas não conseguiu dizer abertamente o que estava acontecendo. Nem para a menina, nem para mais ninguém. A reação dela foi mais forte do que ele esperava, a garota ficou completamente desnorteada e foi chorando conversar com a mãe de Sílvio. Disse que não entendia o final do namoro. Como é que aquilo tinha acontecido assim de repente, se na noite anterior estava tudo bem? O porquê de sua atitude aparentemente brusca continuou guardado por muito tempo.

"Um dia eu tive um estalo do tipo: não vou levar essa vida de namorar a menina, sabendo que eu gosto de homem, não quero mais isso para mim. Aí eu já estava com meus 18 anos. Eu não quis mais, vamos dizer, levar essa vida dupla. De estar namorando a garota, e estar com a cabeça... Não que eu saísse, que deixasse a namorada em casa e saísse para procurar homem na rua, não. Isso eu nunca fiz. Mas pensava. Eu tinha desejo pelos homens, aquele desejo nunca sumiu da mente. E eu já estava ficando cansado dessa história, sabe? Foi quando falei: chega! A partir de hoje acabou!"

Se pudesse voltar atrás, Sílvio não faria nada diferente. Sabe que foi um período de muitos segredos e conflito interno, o que devia significar também muito sofrimento para um adolescente que descobria a sexualidade, o mundo, e estava construindo sua identidade. Mas acha que o sigilo de alguma forma o preservou, a ele e à sua família.

"Então, **eu faria tudo como eu fiz. Sempre calado, sempre na minha, sem explanar.** Para quê? Não ia adiantar nada, não ia me ajudar em nada. Não é doença, nunca foi doença. Mas as pessoas meio que mantêm certa distância quando sabem. E era justamente isso que eu não queria. Eu quero estar no meio do povo. Mas também quero ser respeitado, eu vou respeitar para ser respeitado. Então eu faria tudo, tudo como eu fiz, não mudaria nada, se mudasse não seria tão legal hoje em dia."

O silêncio, as pressões, o medo da família não foram fatores tão presentes na vida do companheiro de Sílvio, Fausto. "Nunca tive isso, nem dos meus pais, nem da sociedade, das pessoas que estavam ao redor, nunca tive isso."

Fausto se define como uma pessoa normal. E aos 10 anos de idade, época de sua primeira vez, gostava de brincar, mas não tinha muito contato com outras crianças, seus pais eram missionários. Ele perdeu a virgindade, no banheiro da escola, quando ainda morava em São Paulo. O "primeiro" foi um colega de quem ele gostava de um jeito diferente. Tudo aconteceu inesperadamente, depois de uma aula de educação física.

"O meu sentimento não era do tipo 'vou ser amigo dele'. Era algo mais que isso, eu queria algo mais que isso. Não foi nada planejada a primeira relação. Eu gostaria de estar com tal pessoa. Então, não era um planejamento do tipo 'vai ser nesse dia', 'vai ser agora', 'depois de tal episódio'. Não."

Fausto estudava à tarde. A aula de educação física era pela manhã. **Um dia, ele foi para a escola, assistiu à aula e, na hora de se trocar, o amigo foi junto.**

"Nós não éramos muito amigos, não. Eu fiquei olhando para a cara dele, ele ficou olhando para a minha cara, entendeu? Então eu cheguei e fui em direção a ele, ao menino. Creio também que ele não era tão ingênuo de não perceber o que estava acontecendo. E foi quando rolou. As pessoas desceram e a gente subiu. Foi isso."

Fausto acha que tanto ele quanto o amigo conseguiram o que queriam. Foi a primeira vez dos dois. "Mas eu faria diferente, assim, aproveitaria mais a primeira vez, curtiria mais a primeira vez, não com tanto medo, não com tanto receio." À tarde, foram para a aula. Normalmente.

Mas não foi um dia como qualquer outro. Numa escola de disciplina quase militar, Fausto tinha vários medos: e se alguém tivesse visto? Se alguém contasse? E, pior, se a diretora soubesse e eles fossem expulsos da escola? Mas culpa mesmo Fausto não sentiu. O fato de sua primeira vez ter sido na escola foi estimulante. Parecia que ele tinha feito uma travessura, e se orgulhava dela. Sua maior preocupação durante a aula da tarde foi não olhar para o garoto, sabia que, se cruzassem os olhares, iam começar a rir lembrando-se do que tinham aprontado.

"Nós nunca mais tratamos desse assunto, não tivemos mais nada. Só foi mesmo naquele dia, e continuamos a relação normal, brincando, estudando. Foi engraçado, foi uma coisa só assim, querer aquela relação. **Eu queria aquilo. A partir do momento em que eu consegui, esse sentimento não veio mais.** Eu nunca cheguei a contar isso para ninguém. Creio que a pessoa também não. Também por não ter para quem contar. Eu não ia chegar para os meus pais e falar o que tinha acontecido. Até então eu não tinha um grupo de pessoas que poderiam entender."

Depois, Fausto teve relações com outros meninos, sempre muito fugazes. "Também pela idade." E, quando completou 13 anos, teve sua primeira vez com uma menina. Nessa época, ele fazia parte de um grupo de dança, onde fez amigos com quem se identificava muito.

"Comecei a ter um contato maior com pessoas mais jovens, eu tinha mais contato com outras pessoas homossexuais, mentes mais abertas, que estavam também no meio. Então eu passei a conversar, passei, sim, a falar sobre as relações que eu já tinha tido."

O tímido Fausto se soltou um pouco mais. Ele passava temporadas de até um mês fora de casa em turnê. Numa dessas viagens, aconteceu.

Fausto deixa claro que sempre teve atração por meninos, mas

em algumas situações já se sentiu atraído por meninas também. Como, por exemplo, na história que se segue: Fausto estava com uma colega do grupo em uma festa e, por causa da música alta, saíram para conversar. Era a primeira vez que ele ficava com a garota, que até então via apenas como amiga. E foram andando, se afastando, se beijando.

"A iniciativa na verdade partiu dos dois, a gente foi se envolvendo num determinado clima." E assim foram parar na lavanderia do alojamento onde estavam hospedados. Era um lugar isolado, escuro, que muita gente evitava, diziam que era mal-assombrado. Nada disso abalou o casal.

"Foi a primeira vez dela também. Sentimos um pouco de dificuldade, justamente por isso, eu nunca havia tido contato com menina em relação sexual e ela nunca havia tido nenhum contato com menino. Então tivemos um pouco de dificuldade, mas foi uma coisa tranqüila. Fomos descobrindo, foi uma descoberta dos dois. Então foi legal também, não que a com menino tenha sido ruim, não. Com ele foi legal por ter o medo, e depois ser engraçado, e toda a situação, e com ela foi legal por ter tido uma tranqüilidade, uma calma, uma união mesmo."

Foi bom, mas foi só dessa vez.

"Nós não tivemos nenhuma outra relação, mas o nosso contato continuou o mesmo. Não teve aquele lance de um evitar o outro por vergonha, continuamos brincando, continuamos amigos. A gente conversava isso com o olhar também, o que foi engraçado, como na primeira vez com menino, nós nos olhávamos e ríamos. Já sabíamos do que se tratava, por ter sido num lugar impróprio, e, quando nos lembrávamos, nos olhávamos, conversávamos pela risada, vamos dizer assim. A única conversa que tínhamos era essa."

Sílvio e Fausto lembram a data exata em que começaram a namorar e respondem em coro à nossa pergunta: 30 de abril de 2002. Eles se conheceram por uma amiga em comum e a primeira coisa que chamou a atenção de Sílvio foi o sorriso farto daquele paulista meio perdido no Rio de Janeiro. Algum tempo depois, reencontraram-se numa festa onde trocaram muitos olhares até Fausto ir parar na casa de Sílvio, que ainda morava com a mãe. Fausto tem até hoje um jeito meio infantil, de moleque "que acha que aprontou", e está sempre se divertindo com a própria travessura. Ele é quem começa a falar:

"Eu fiquei com medo, por causa da mãe dele. Quando ainda estávamos no quarto dele, ela nos viu. No dia seguinte, ele foi me apresentar como amigo, eu fui cumprimentá-la com um beijo e ela não disse nada, só me olhou meio assim. Eu até falei: 'Sílvio, sua mãe me olhou meio estranho'. Aí depois veio o comentário dela para ele: **'Nunca mais quero esse caboclo dentro da minha casa!'**."

Mal sabia ela que aquele caboclo tinha vindo para ficar. O curioso é que foi ela, a mãe de Sílvio, que os ajudou a conseguir o apartamento onde moram hoje, indicando o casal para as proprietárias. Isso foi três meses depois de ter visto o filho e Fausto no quarto. Não sabemos o que ela viu, muito menos o que imaginou, mas Sílvio nos conta o que aconteceu:

"O mais gostoso na nossa primeira vez foi que…" Sílvio abre parênteses para uma rápida explicação: "No mundo GLS, quando alguém se conhece, de cara, a primeira coisa é cama." Fecha parênteses. "E com a gente foi completamente diferente. A gente se conheceu, fomos à festa, fomos para a casa da minha mãe, mas nesse dia não houve a relação em si, foi muita carícia, muita troca de carinho, foi completamente diferente."

Parece que a identificação deste casal veio daí, desse momento de ternura, e também de muita calma.

"Isso é que foi gostoso, apesar de não ter tido a relação sexual, teve esse lado muito legal e diferente ao mesmo tempo, o que não acontecia com as outras pessoas. E daí então a gente começou a trocar as nossas experiências e perceber que tinha o mesmo pensamento: ter uma casa, uma relação sólida, não ter vários parceiros. A gente queria ter uma relação fixa. A gente estava querendo uma coisa séria e essa brincadeira já está..." Fausto interrompe: "Há quatro anos, vai fazer quatro anos". Um dia os pais de Fausto vieram visitar. Ele ainda não tinha contado nada para eles do romance que estava vivendo.

"Eu estava fazendo a comida, estava todo mundo reunido aqui em casa, meus pais vieram de São Paulo para cá, almoçar com a gente, conhecer onde a gente estava morando. Meu pai estava na sala conversando com o Sílvio, e eu estava na cozinha com a minha mãe. Eu estava conversando normalmente com ela, e ela chegou para mim e perguntou: **"Você está morando com o Sílvio como um casal homossexual?"**. Aí eu fiquei meio assim e saiu: 'Estou, é isso mesmo'. Minha mãe se antecipou, não era assim que eu gostaria de falar. Aí ela chegou para mim e perguntou: 'Fausto, por que essa opção?'. Eu cheguei para ela, fui conversando com ela. Aí ela falou: 'Eu gostaria de entender, porque eu não sei nada sobre isso, nunca tive contato com isso, então eu gostaria de saber'. Até falei para ela: 'Mãe, leia revista, não vá muito pela televisão, são só as maldades que colocam. Porque, vamos dizer, colocam só o lado promíscuo da coisa. Não vá só por esse lado, procure ver outros lados, que é o meu lado, que é ter uma relação fixa, que é ter uma relação legal'. E foi assim que eu cheguei e falei para a minha mãe. Eu não falei para o meu pai. O meu pai ficou sabendo creio que por intermédio da minha mãe, depois; não sei se ele percebeu, nós nunca conversamos sobre isso."

Hoje as famílias convivem e curtem o simpático casal. Quando os pais de Fausto vêm ao Rio, é na casa deles que querem se hospedar, dispensando primos e tios. Sílvio fala com orgulho do momento atual.

"É justamente a base que nós criamos, a base que eu estava procurando e que ele estava procurando. A gente não tem medo nenhum, hoje, de chegar a qualquer lugar e falar: 'Este é meu namorado, este é fulano de tal'. Não é, Fausto? A gente não tem essa coisa de esconder nada para ninguém.

"E tem outra coisa, em relação à casa: a gente nunca teve essa coisa de esconder, de fechar a porta para não ver que é uma cama de casal", diz Fausto, mãos dadas com o companheiro em cima da própria cama.

Fausto e Sílvio contaram suas primeiras vezes um para o outro, assim como contaram toda a sua vida antes de se conhecerem, namorarem, resolverem morar juntos. Fausto gosta menos de falar que de perguntar, e Sílvio ouviu muitas histórias pela metade até o companheiro conseguir relaxar.

A última vez que vimos Sílvio e Fausto foi num sábado de carnaval, no Sambódromo, em cima de um carro alegórico da Estácio de Sá. Eles estavam representando o "grande amor" no desfile da escola. Os dois suados e felizes cantavam: "Vem de lá, vem de lá, vem de lá/ um abraço forte para um grande amor".

Cila e Eliana

Cila e Eliana nos receberam numa tarde de domingo. Tinham feito um café fresco e nos tratavam como velhas amigas. A casa era aconchegante, com jeito de lugar que vive cheio de gente: filhos, parentes, amigos. Cila e Eliana são de Porto Alegre, mas há alguns anos encontraram conforto no bairro das Laranjeiras, no Rio de Janeiro. Moram no final de uma ladeira, um canto simpático e escondido do bairro. O apartamento térreo dá direito a um pequeno jardim, também oculto, que passaria despercebido se elas não o mostrassem, orgulhosas.

Nesse espaço cheio de recantos e pequenas surpresas, a única coisa que não se pretende esconder é o relacionamento de quase

11 anos desse casal de mulheres. Em outras épocas, já foi mais difícil falar ou verbalizar, palavra que elas usam repetidas vezes durante o nosso papo. Hoje Cila e Eliana sabem que podem e, ao que parece, acham que devem falar sobre a vida, sobre casamento, sobre amor. Podem também ser um bom exemplo de alternativa ao modelo tradicional de família. Acreditam que, quanto mais comum for esse tipo experiência, mais fácil será para seus filhos, netos e quem mais chegar.

Ao final da entrevista, nos convidaram para almoçar uma macarronada, garantiam que dava para dividir com a gente e os amigos que estavam por vir. Na casa delas é assim, sempre cabe mais um. Ao recusar o convite e deixá-las com suas visitas, deixamos também um casal que parece muito feliz depois de mais de uma década de relacionamento. Saímos então pensando quantos de nós podem dizer o mesmo.

Cila é a mais tímida e delicada, de pele bem branca, cabelos curtos, pretos e lisos. Cobre o corpo com uma camiseta larga, com estampa de histórias em quadrinhos, calça *jeans* e tênis colorido. Seus olhos são a melhor surpresa, brilham vivamente quando está emocionada. Eliana, a mais falante, é magrinha, do tipo *mignon*, veste uma blusa decotada bem justa, *short* e salto alto, muito à vontade em ser *sexy*. É isso: Eliana parece sempre muito à vontade. Sorrindo, admitiu-se vaidosa e eternamente preocupada com a aparência.

Eliana tem 53 anos e é bibliotecária. Antes de se casar com Cila, Eliana já teve vinte e poucos anos e com essa idade teve também a sua primeira relação sexual. Nos anos 1970 era "um pouco" *hippie*, ou pelo menos pretendia ser. Achava-se descolada, despojada, era universitária. Gostava de ler, de ter cabelos crespos, de acompanhar a moda, de ser intelectual. Ela ri gostoso ao se lembrar de si mesma naquele tempo.

"Tinha, em relação aos desejos e à sexualidade, todas as dúvidas de todas as meninas de vinte e poucos anos daquela geração. Nós somos uma geração de transição. Da libertação da mulher, dessas coisas. Parecia que tudo a gente ia conseguir transpor."

E a Eliana de vinte e poucos repudiava qualquer tipo de autoritarismo, tanto familiar quanto no mundo acadêmico. Achava a Universidade Federal do Rio Grande do Sul muito formal, de uma autoridade imposta e não conquistada. Então ela lutava contra a hipocrisia, contra a falta de respeito em relação às pessoas em geral. Diz que "era meio revoltadinha". Não tinha uma vida social muito intensa, mas gostava de dançar, ir ao cinema e freqüentar bares com a turma da faculdade, onde fumava e bebia muito.

Eliana tinha também uma melhor amiga, que hoje é madrinha dos seus filhos. As duas gostavam de sair no final de semana, e Eliana já deixava uma roupa separada para ela e outra para a amiga, burlando assim a vigilância rígida da mãe da colega. Eram amigas de estripulias.

Nessa época, ela morava com a irmã, seu grande laço familiar, já que a mãe morreu quando eliana tinha apenas 9 anos. Até os 17, ela morou em um internato dirigido por freiras em Hamburgo, uma cidade do interior do Rio Grande do Sul. Eliana gostava do lugar, diz que "para um internato, era bastante liberal, com direito a aulas de dança, dia da televisão, dia da biblioteca, e a possibilidade de voltar para casa nos finais de semana". Saindo de lá, foi morar com a irmã, de onde só se mudou depois de casar. Talvez venha da formação religiosa o fato de Eliana sempre ter relacionado o ato sexual à procriação, à maternidade. Apesar de questionadora, Eliana ainda vivia sob a influência da educação dada pelas freiras. Mesmo um internato com ventos liberais deve ensinar que "vinde a mim as criancinhas" quer dizer "casem e tenham filhos". Eliana aprendeu direitinho.

"Eu achava que a primeira vez que dormisse com alguém eu iria engravidar e ter um lindo bebê, sempre a coisa da maternidade muito forte. Queria oito filhos, achava que seria uma mãe maravilhosa, bem resolvida. Mas nunca vi a primeira relação ligada ao prazer. A sexualidade era ligada à maternidade. Tanto que no dia seguinte à primeira relação, pensei: 'Estou grávida!'. Mas não estava."

O escolhido para essa primeira relação foi Mauro, um estudante de direito, de cabelos compridos e barba. Mauro era carinhoso, delicado, politizado e, claro, muito bem informado. Eliana ri quando lembra que ele também era gordinho. "Como é até hoje", acrescenta. Uma pessoa maravilhosa, um grande amigo por quem ela achava que estava apaixonada.

Em noites mais inspiradas o casal de namorados trocava carícias na escada do prédio de Eliana, com todos os ingredientes típicos desses momentos escusos e deliciosos: medo, sensualidade, tesão, descoberta. E ficavam por ali até altas madrugadas, em "preliminares", como Eliana define.

Um dia ele a levou a um jogo de futebol. Eliana sempre odiou a maior paixão dos brasileiros, mas, como o namorado era colorado doente, ela topou acompanhá-lo. O estádio estava lotado e fervia para o Grenal. Eliana teve medo da multidão, mas Mauro, mesmo sendo cinco anos mais novo, a abraçou e protegeu. Ela, que é baixinha, sentiu-se segura com ele no meio daquela baderna. Era a primeira vez que pisava num estádio, e o dia ainda lhe reservava outras surpresas. Ela garante que não foi nada planejado, mas o fato é que saíram do futebol para o motel.

A primeira vez de Eliana foi suave, tranquila, prazerosa. Ela acha que, no seu subconsciente, era "a coisa maternidade" em ação. Foi tudo muito lúdico, mas ela faz questão de frisar, mais uma vez rindo muito, que, **apesar de ter sido legal, o motel era muito vagabundo.**

De lá para cá, é muito provável que Eliana tenha ido a outros motéis vagabundos, mas ela assegura que nunca mais pisou em um estádio de futebol.

Sim, Eliana acha que, depois da primeira vez, alguma coisa mudou: "Acho que me senti adulta. Mas isso não era verbalizado, isso é verbalizado agora. Achava que estava pronta para casar, constituir família, que tinha maturidade para isso. Não tinha, mas a gente tinha idéia de que sim".

No dia seguinte, ela falou da novidade para a faculdade inteirinha, exagera. Eliana gostou especialmente de contar o que aconteceu para a tal melhor amiga. A menina ainda era virgem e encheu-a de perguntas. Queria detalhes, como saber se doía. Eliana se sentiu poderosa à beça e, do alto de toda a sua experiência, contou o que sabia (e, pelo jeito, deve ter floreado bastante).

Mauro e Eliana casaram-se "achando que iríamos revolucionar o mundo, que íamos ser o casal-modelo. E esse casamento durou um ano, dois meses e um bebê. Até hoje a gente tem uma relação bem boa, apesar da distância física".

Foi o primeiro casamento de Eliana, mas não o único. Ainda viriam mais dois.

Perguntamos o que ela faria diferente na primeira vez.

"Eu tinha umas tendências de admiração, de profunda amizade misturadas com encantamento por algumas amigas, mas nunca tínhamos a intimidade nem a coragem da intimidade. Eu lembro que em casa eu tinha uma parede cheia de mulheres bonitas, sobre a qual eu passei a verniz. O pessoal na minha família compreendia que a minha vaidade era tanta que eu queria ser igual àquelas mulheres. Eu tenho agora a consciência de que era uma mistura com a coisa do desejo, da sensualidade, que eu não trabalhava. Acho que se tivesse me apaixonado por uma mulher naquela época, eu teria sido mais realizada sexualmente. Não que tenha sido ruim, mas é que depois eu fui ver como era uma relação homoafetiva, e ela me realiza mais que uma relação hétero."

A primeira vez de Eliana com uma mulher foi com Cila, quase vinte anos depois de perder a virgindade com Mauro num motel vagabundo.

Cila é bibliotecária e tem 40 anos.

Tinha 22 anos quando perdeu a virgindade com seu namorado.

Ela era tímida, como é até hoje, e tinha saído do interior para estudar em Porto Alegre. Na época, gostava de ir ao cinema, de ler, de se informar vendo televisão, lendo jornal. Era uma garota mais preocupada em nutrir sua cabeça do que com sua vida social. Não gostava de sair, de estar com muita gente, preferia a solidão mesmo. Uma espécie de mulher-concha.

Morava em uma Casa do Estudante e achava o mundo à sua volta muito diferente daquele a que estava acostumada em sua cidade natal. Claramente não se sentia à vontade. Uma vez em Porto Alegre, ela reencontrou justamente seu namoradinho de infância, um rosto conhecido em meio a tanta novidade.

Cila diz que eles começaram a sair novamente. Os programas eram sempre bem sossegados, bem família. Ela ia para a casa dele, ele ia visitá-la na Casa do Estudante, jantavam juntos. Gostavam de cozinhar, era seu momento de cumplicidade. Tudo muito íntimo, a dois.

A família dela continuava morando no interior e, quando chegou por lá a notícia de que o tal namorado, olha que coincidência, era sobrinho da madrinha de seu irmão, o relacionamento foi totalmente aprovado. Tudo muito tranquilo, fadado ao sucesso, leia-se a um provável noivado e, pela lógica, até casamento.

Mas a cabeça bem alimentada de Cila era mais criativa do que isso. Ela fantasiava muito sobre como seria sua primeira vez com base em filmes, livros, coisas que imaginava estarem acontecendo com seu irmão mais velho, e juntava também no caldeirão alguns retalhos de informação que colhia das amigas. **"Eu imaginava um lugar com uma cachoeirinha iluminada, estrelada, uma coisa bonita assim."**

Muita expectativa, prato cheio para decepção. Cila admite que sua primeira vez foi frustrante. Define como preto-e-branco o que ela esperava fosse um mundo de cores. Em vez da cachoeirinha, uma sala impessoal, com os móveis velhos e gastos da república onde morava. Cila imaginava que principalmente a preparação para o ato seria especial. Hoje diz que, se tivesse de escolher, ia preferir a fantasia ao que realmente aconteceu. O que aconteceu, tal qual ela lembra, foi o seguinte:

"A gente voltava de uma festa com amigos, uma festa de faculdade mesmo. E daí a gente foi ficando, conversando, ouvindo música. Os outros foram saindo, até que aconteceu na sala da Casa do Estudante. Mas esse acontecer foi uma coisa muito rápida. Se eu pudesse voltar a esse momento, talvez dissesse a ele como eu fosse. Porque eu acho que a fantasia faz ficar um pouco mais prazeroso. Acho que seria mais interessante."

Cila contou apenas para sua melhor amiga, uma pessoa importante a quem ela ainda é muito ligada. Hoje suspeita de que essa relação de amizade talvez fosse algo mais que isso, quem sabe uma paixão. As duas andavam afastadas porque o namorado de Cila era muito ciumento e não gostava muito da ligação forte que elas tinham. Mesmo assim Cila acha graça quando se lembra da reação da amiga: "Legal, bom para você, mas que pena que foi com ele!".

Cila e o namorado estavam juntos há três meses quando ela perdeu a virgindade, em seguida noivaram, como previsto, mas não chegaram a se casar. O relacionamento durou mais um ano e meio.

"Nesse um ano e meio tive uma gravidez de seis meses e meio. Daí tive um aborto (espontâneo). E depois quatro, cinco meses depois, a relação começou a se deteriorar. Dali até acabar, foi um passo. Primeiro porque ele não queria (a gravidez), e eu disse que queria: 'Se tu queres ficar comigo, é uma coisa, mas...', então a relação começou a deteriorar."

A primeira vez de Cila com alguém do mesmo sexo aconteceu quando ela já tinha 33 anos, e foi com Eliana.

Para contar essa história, juntamos as duas na cama de casal do quarto delas. No início elas ficaram preocupadas com a bagunça, que, diga-se de passagem, não era muita. Depois, aquele ambiente de cumplicidade e intimidade ajudou muito na experiência de, pela primeira vez, verbalizar, como diz Eliana, sua intimidade publicamente. Elas ficaram bem juntinhas, às vezes davam-se as mãos, carinhosas. Cila começou a contar:

"Conheci a Eliana no local onde a gente trabalhava, numa biblioteca de universidade, e ela tinha chegado para nos chefiar. Foi uma situação inicialmente constrangedora, porque nós, como subordinados, não aceitávamos as orientações que estavam sendo dadas pela própria diretoria. Então foi um mês e meio de antipatia."

Nessa época Cila tinha poucos amigos e quase não saía para se divertir. Ela morava sozinha, e sua vida era basicamente da casa para o trabalho, do trabalho para a casa. "Eu achava que gastava a minha vida no trabalho, assim, gastava a minha energia, ou me reenergizava no trabalho. Era a minha referência. E também a minha família, eu ia muito para o interior."

Mesmo com o alto índice de rejeição no trabalho, Eliana chamou logo a atenção de Cila. "Ela não parava de circular, então, tinha de chamar a atenção. Depois de um mês e meio, ela começou a conversar conosco, de outra forma, tentando nos ouvir."

Eliana, alheia às fofocas e desconfianças, achou aquela branquinha de cabelos lisos muito interessante desde o início. "Eu tenho uma coisa de estética muito forte na minha cabeça. Ela tinha os cabelos muito lisos, tinha franjinha, ela soprava a franjinha em frente ao computador. Ela tem covinha, eu a achava muito bonitinha e extremamente tímida. E, quando a gente começou a conversar, eu ficava impressionada com a capacidade profissional dela. Então aquilo não combinava com a imagem de uma guria envergonhadíssima. Cila era de uma timidez de enrubescer, coisa bárbara!"

Aos poucos as duas ficaram amigas. Começaram a se conhecer melhor e descobriram que tinham muito em comum. Marcavam um cineminha, uma saída aqui, outra ali, curtiam muito a companhia uma da outra. Eliana estava recém-separada de seu segundo marido e tentando refazer sua vida:

"Eu tinha 43 anos, não estava bem fisicamente, uma coisa com que sempre me importei, eu vinha chegando de São Paulo, pegando o emprego com muita garra. Mas sempre gostei muito de batom, de sapato de salto, de cuidar dos cabelos, sou muito vaidosa. Eu acho que eu podia chamar atenção pela forma como me apresentava fisicamente, eu sou um toco de gente, o que já é uma coisa difícil, ainda mais no Rio Grande do Sul, todo mundo é grande".

A Eliana *sexy* e risonha parece mais jovem do que a descrição que faz de si há mais de uma década. Cila também lembra do início, dessa aproximação:

"Quando a gente começou a sair, a conversar, eu ficava entusiasmada, porque as afinidades começavam a aparecer. Então eu a achava inteligente, comunicativa, resolvida, e eu gostava disso, porque eu tinha uma dificuldade de decidir, e **ela decidia para mim, era uma maravilha!** Eu gostava dessa força que Eliana tinha, era uma coisa que me atraía muito".

Na época, isso significava apenas que uma linda amizade estava sendo construída, ou pelo menos assim elas entendiam o que estava acontecendo. Mas, hoje, Eliana enxerga de outra forma:

"Eu me apaixonava pelas pessoas que ficavam minhas amigas. Eu não entendia muito que essa paixão ia além da amizade, da admiração, eu me encantei com a forma física, me apaixonei por ela."

E, nos finais de semana, Eliana convidava Cila para ir a sua casa. E perguntava sobre Cila para as amigas do trabalho, agora em paz com a chefe. Assim, soube que a moça tinha perdido a mãe havia pouco tempo, que estava passando por uma situação difícil, deprimida. O instinto maternal de Eliana entrava em ação e ela trazia Cila para debaixo de sua asa, para fazer programas com ela e os filhos no final de semana. O segundo ex-marido de Eliana, que ficou em São Paulo, às vezes ia visitá-la em Porto Alegre, e isso contribuía para deixá-la meio confusa. A única coisa sobre a qual não tinha dúvida era que a vontade de ficar ao lado de Cila estava aumentando. "Não me bastava só ficar as oito horas de trabalho, eu a chamava muito. Ela ia muito para minha casa, a gente fazia panquecas para levar para o trabalho no outro dia, ficava horas conversando sobre amores, sobre a vida, mas nunca uma dirigida à outra. Começou a ser uma coisa assim, eu não conseguia ficar longe dela, eu sempre estendia, chamava-a para jantar, e a gente ficava até tarde, íamos muito tarde para casa. Eu não estava conseguindo ficar longe dela, acho que ela não entendeu muito no começo, ela era muito tímida para falar isso, e eu, muito louca. Nós duas somos chocólatras, dei uma caixa de Bis para ela e eu botei o bilhete."

Nessa hora Cila sorri, os olhinhos brilham e ela vai completando, contando do seu jeito tranquilo o final (ou o começo) da história.

Ela sorri e a gente percebe um resquício daquela timidez de que Eliana fala. "Tinha um bilhete no guardanapo. A gente foi levar as crianças [os três filhos de Eliana] para jogar os joguinhos eletrônicos de que eles gostavam e sentamos para tomar um café. Ela me deu um guardanapo com um Bis dentro. Eu achei que fosse um chocolatinho, daí abri e vi que tinha uma coisa escrita, era a declaração. Eu levantei os olhos e olhei para ela: **'Eu não sei muito bem o que é, mas acho que é amor'.**"

Essa foi a deixa para elas começarem a conversar e tentarem compreender o que estavam vivendo. Eram sentimentos que cada uma externava de uma forma, mas que se traduziam na vontade de quererem ficar juntas o tempo todo. Eliana e Cila tentam entender e explicar. Eliana diz que na época ela não pensava se era homem, se era mulher...

"Não tinha gênero, eu estava apaixonada, tinha desejo por ela. Não vinha mesmo essa consciência de que é um formato diferente,

não vinha mesmo. É muito doido isso, era amor, eu estava apaixonada por uma pessoa, acho que era bem isso."
"Não conseguia muito diferenciar assim, e nem me reprimir", diz Cila. "Eu gosto de ficar junto, eu quero ficar junto, isso me satisfaz, eu tenho esse desejo, mas nem eu nem ela pensamos: 'Ah! não, mas é errado, não pode', não existia isso."
"É o que a gente consegue verbalizar agora", diz Eliana. "O interessante seria se alguém tivesse nos perguntado quando estava acontecendo na época. Se eu disser que sempre soube que a minha atração era por mulheres... isso não é real. O real é que aconteceu uma situação de me apaixonar por uma mulher, como já tinha me apaixonado por um homem, sabe?"
"Eu acho que aconteceu de as duas, ao mesmo tempo, se apaixonarem", diz Cila. "E o que aconteceu entre mim e a Eliana é que a gente, ao mesmo tempo, sentiu a mesma coisa. Mas eu também me apaixonei pelo meu noivo. É uma coisa que é complicada de colocar nessa questão de gênero."
Eliana discorda. Acha que a coisa é muito simples:
"Tão simples que a gente não consegue verbalizar. Tu te apaixonas por uma pessoa, independentemente do sexo dela, aí tu aprendes no conviver, como é o gostar, como é o perceber, como é a relação, como é a sexualidade que tu vais desenvolver com aquela pessoa. Se a tua formação, se os teus preconceitos, te barrarem, provavelmente você não vai ter aquele, e vai esquecer esse amor e ter novos amores, ou não. **O que eu acho que aconteceu comigo e com a Cila, e deve acontecer com quase todas as pessoas, é que a gente se apaixonou e não deixou os preconceitos virem à tona,** sem se importar se a pessoa é vesga, torta, homem, mulher. Acho que é muito simples, não é complicado, é simples".
A primeira vez de Cila e Eliana foi muito romântica, talvez porque tenha demorado um pouco para acontecer, tudo a seu tempo. Cila já estava morando com Eliana e sua família e havia deixado

seu apartamento vazio. Um dia, como estavam visitando uma amiga no mesmo prédio, Eliana pediu para ver o apartamento de Cila.

Eliana nos conta o grande evento com orgulho, gesticulando e tentando lembrar-se de cada detalhe:

"Aí a gente desceu para ver o apartamento vazio, e tinha um superclima. Sabe quando você entra num apartamento vazio com a pessoa de que você está gostando? E a gente já tinha aquela coisa de beijo, a gente já tinha pegado mão, coisa assim. Foi uma coisa bem emocionante."

O apartamento estava sem luz, e Eliana resolveu fazer uma linda surpresa para Cila. Ela comprou velas, comprou um vinho e, quando Cila chegou, já estava tudo arrumado.

"Um círculo de velas, a gente tomou um vinho — era no chão, não tinha cama, não — e foi tateando, descobrindo. Mas foi muito legal. Muito bonito, foi emocionante e bem prazeroso. Eu acho que o referencial era o que a gente havia tido. Eu tenho a impressão de que tive atitudes e gestos de carinho com ela como os que eu tinha recebido e tinha dado numa relação heterossexual, e ela a mesma coisa."

Para Cila, essa primeira vez foi totalmente diferente da primeira anterior, com seu namorado, anos antes, na Casa do Estudante. Aquele sonho de algo romântico finalmente se concretizava. Em vez da cachoeira iluminada da fantasia, ou dos móveis gastos da realidade, dessa vez, um sonho real de velas e vinho.

"Ela preparou, de alguma forma, esse sonho como eu gostaria que fosse. Então na verdade, essa, para mim, foi a primeira vez. Porque ela foi me descobrir como eu era, eu fui me descobrir como eu era, então eu considero essa a minha primeira vez, a minha primeira relação sexual, o meu... desvirginamento."

Perguntamos então o que elas acham que mudou depois dessa primeira relação. Eliana deixa claro que na época, há dez anos, as coisas não estavam tão claras quanto hoje.

"Atualmente eu olho para outras mulheres com um olho diferente do que olhava antes. Eu tinha muito véu sobre como olhava as mulheres. Isso é uma coisa nova para mim, nova de alguns anos, não de ontem. Eu não olhava outras mulheres e passei a olhar, até a coisa de ter interesse, sabe? 'Nossa! Aquela mulher'. Uma coisa que eu não tinha antes, ou não me permitia verbalizar."

Elas não revelaram para o mundo as suas descobertas. Na verdade, durante muitos anos, essa história de amor ficou guardada. Eliana fala que tem gente para quem ela nunca contou o que estava e está vivendo até hoje! Poder conversar, trocar idéias com amigas e outras pessoas que têm famílias alternativas como elas é também coisa recentíssima.

E assim elas vão falando até onde a pessoa quer ouvir. "Quem quer saber alguma coisa fica perguntando. E quando não nos perguntam, a gente não diz."

Eliana completa: "Quando elas querem pensar que somos duas amigas que moram juntas, elas vão morrer velhas pensando que somos duas amigas. Não somos nós que vamos fazer com que elas troquem..."

Cila explica que, quem conviver com elas, quem freqüentar a casa delas, vai ver: "Desde que a gente resolveu morar junto, sempre teve cama de casal, tem a cama do Bruno, a cama do Ricardo [filhos de Eliana] e a cama de casal. As pessoas continuavam freqüentando, as que eram nossas amigas, iam entendendo com o tempo."

Eliana costuma dizer que tem um véu fantástico: **"O salto, o batom e três filhos. Quem é que vai dizer assim: 'Você é lésbica?!'**. Para mim é um véu fantástico enquanto sociedade. Como eu nunca fui militante, nunca levantei bandeira, nunca quis escrever na testa, eu nem sei se me importava de ser lésbica ou não, isso nunca me afetou. Até os meus 50 anos. Esse ano que passou, na Unirio, eu tive uma situação de homofobia no Rio de Janeiro que me chocou violentamente, uma colega de aula, mas fora isso, não". Eliana não conta qual foi a situação. Provavelmente porque não quer reviver o momento, não precisa. Ou talvez só porque não queira valorizar ainda mais esse tipo de atitude.

Com os filhos, chegou uma hora em que o casal sentiu necessidade de deixar as coisas mais claras, explícitas, afinal Cila já estava na família. Primeiro foram apenas os finais de semana, mas logo ela foi morar com eles. Cila sempre se deu muito bem com todos, especialmente com um dos guris de Eliana. Eliana explica que "os dois são sagitarianos, os dois são exibidos, os dois são inteligentes, os dois são bons na escola".

No começo da relação, Eliana admite, achou que Cila poderia suprir um pouco a falta da figura paterna, já que parecia ser a mais organizada e autoritária das duas. Na prática, quem manda na casa é e sempre foi Eliana mesmo. E Cila deve adorar.

A conversa mais formal em família finalmente aconteceu no dia em que o filho do meio de Eliana contou para elas que é homossexual. Cila e sua companheira então entenderam que não dava mais para adiar. Cila diz: "Daí se verbalizou isso: 'Nós somos...', uma coisa que ele já tinha entendido".

Eliana, a mãe coruja, continua: "Mas ele vibrou muito, o meu menino, ele é ator. Quando a gente fez um documento de união estável, nós fomos assisti-lo no teatro no mesmo dia. Tinha uma fila enorme, e a gente estava lá na fila. Daí ele saiu e falou: 'Não mãe, não fica na fila. **Gente, hoje, minha mãe e a Cila casaram!**'".

Com o menor a mesma coisa, ele teve a necessidade de entender. Cila conta que ele perguntava: "Ah, por que é assim? O ser humano é assim, o mundo é assim?". E elas: "Tu sabes o que é a nossa família?". E começou a conversar com ele. À medida que as dúvidas vão surgindo, elas tentam responder: 'Numa escola nova, como é que eu vou me comportar?'. A gente sente que ele fica assim, então a gente tenta destrinchar da forma que dá, porque é uma coisa que não vai mudar, essa é a nossa família. Então ele vai criando a forma dele de lidar com o mundo".

Eliana diz que com a irmã, com quem morou muitos anos, foi mais fácil falar e mais difícil de entender a reação dela. Eliana esperava uma maior compreensão do que o que ouviu: "Eu não compreendo isso, você foi casada, teve filho, não consigo compreender".

Cila usa de novo o termo que mais se falou durante essa tarde: "A verbalização das coisas para nós na verdade não importa, no momento de convivência com as pessoas. O que a gente não vai admitir é que interfiram nessa família, que cobrem coisas que a gente não deve a ninguém. Porque isso a gente vai levando como levou até agora: com naturalidade".

E Cila faz uma pausa e pronuncia sílaba por sílaba a palavra "naturalidade". A sensação que se tem depois do longo papo é que essa palavra é mesmo importante para elas. Cila e Eliana, mesmo depois de tantas descobertas, criaram um cotidiano bastante comum dentro de casa. Cozinham, conversam com os filhos, ouvem MPB. São bibliotecárias, muito "família", gostam de sair para bater papo com amigos e às vezes arriscam soltar a voz num *karaokê*. Andando na rua, à primeira vista, não são do tipo que chama a atenção. Para conhecê-las melhor, é preciso chegar um pouco mais perto, de mansinho. Quem sabe numa bela tarde de domingo, na sua casa aconchegante de Laranjeiras, depois de tomar um café fresco e gostoso? Tudo assim, com muita naturalidade.

Luís Carlos e Nelson

O prédio é daqueles antigos, de marquises generosas, pé-direito alto, sancas e curvas. O apartamento, em contraste, é moderno, *kitsch*. Pequeno, mas charmosíssimo, com uma vista incrível para a baía de Guanabara. Uma parede pintada de verde-limão e uma reforma básica visando à praticidade, cozinha americana e uma estante vazada dividindo o único ambiente. Luís Carlos e Nelson tinham acabado de chegar da "malhação" matinal, suados, mas bem-dispostos, cheios de endorfina, quando os encontramos. O resultado do esforço é visível: os dois são um casal de quarentões superenxutos e também muito atenciosos um com o outro e conosco.

Depois da entrevista subimos com eles uma trilha no bairro da Urca, que leva ao Pão de Açúcar, um passeio cotidiano do casal.

Entrevistamos os dois juntos porque Nelson é surdo e Luís Carlos teve de traduzir para nós as respostas do companheiro. As mãos de Nelson dançavam pelo ar e nós, olhando para um e para outro, nos esforçávamos para pescar o que alguns daqueles gestos queriam dizer. Nelson tem um rosto expressivo, sorri muito, então foi também uma experiência meio hipnotizadora.

Ao final da entrevista, comentamos com Luís Carlos uma coisa que nos pareceu óbvia e ambos se espantaram. Nunca tinham reparado que, quando ele estava "traduzindo", seu tom de voz e mesmo a expressão corporal se modificavam completamente. Como se estivesse, de fato, emprestando sua voz para o companheiro.

Nelson Pimenta tem 42 anos, é ator, estuda cinema e participa de um grupo de teatro.

Luís Carlos Freitas tem 47 anos e atualmente trabalha como presidente do Grupo Arco-Íris, de conscientização sexual, e também numa produtora de vídeos e livros educativos para surdos.

A primeira vez de Luís foi com um homem quando tinha por volta de 14 anos. Nelson transou pela primeira vez com uma menina, aos 15, 16 anos.

Luís Carlos se lembra de alguns beijos e abraços em meninos numa idade bem precoce, entre 5 e 7 anos. Acha que tinha curiosidade e algum desejo incluído no pacote. A primeira vez mesmo aconteceu alguns anos depois, com um rapaz mais velho, que ele calcula tivesse uns 18 anos. Já faz mais de trinta anos que aconteceu essa história, então falhas de memória seriam completamente compreensíveis. Mas detalhes surpreendentes começam a aparecer quando Luís Carlos puxa lá do fundo do HD as lembranças do dia, do cara, do jeito.

O rapaz estava de férias no Rio de Janeiro e era de outro estado, Luís Carlos acha que do Espírito Santo, e tinha uma tia que morava no prédio dele. "A gente conversava muito, a gente tinha muito desejo na verdade, não tinha nem tanto interesse, tanta amizade assim."

Essa tal tia estava de mudança, o apartamento, vazio de gente, ainda cheio de móveis. Um dia, sem mais nem menos, o menino interrompeu um assunto qualquer e disse para Luís Carlos que estava com a chave.

"E fomos, e aquela excitação, o meu coração parecia que ia sair pela boca. E aí, a gente começou a conversar na sala, aquela conversa de cerca-lourenço. E fomos para o quarto."

Luís Carlos e o garoto deitaram na cama de casal, ainda completamente vestidos, ficaram ali, um de frente para o outro, conversando. Luís não lembra o que falavam, qualquer coisa, o assunto ali era o menos importante. "Aí a perna dele encostou assim, levemente, na minha e aí eu levei um choque! Aquilo foi, nossa, foi muito legal! E ele fazia movimentos muito sutis, e eu correspondia. E aquilo foi aumentando, até que a gente se abraçou, e eu na mesma hora o empurrei e falei: 'Que é isso, cara? O que é que está acontecendo? Eu não estou entendendo'."

O amigo então levou um susto. Eram muito jovens, nada ali era muito fácil. Mas ele logo se refez e tentou tranqüilizar Luís Carlos: "A gente está sozinho aqui, não tem nada, sabe?". Isso bastou.

Abraçaram-se de novo. O amigo levantou, entrou no banheiro. Quando Luís Carlos estava tirando o *short*, o outro apareceu, completamente nu.

"Foi a primeira vez que eu vi, ao vivo e em cores, um homem nu. Tenho 47 anos, isso aconteceu há mais de trinta, e a minha família católica, de classe média, conservadora, não tinha essa história de conversar sobre sexo. Eu nunca tinha visto minha mãe nua, meu pai nu, a gente não tinha essa forma de se comportar em casa. Foi a primeira vez que eu vi, não só uma pessoa nua, como um homem nu, e naquela situação de desejo. Aquilo foi maravilhoso, sabe? Foi uma sensação muito legal e a gente transou. Até hoje me excita a lembrança. Já me peguei muitas vezes me masturbando pensando naquela primeira vez, quer dizer, eu hoje, com quase 50 anos, ainda tenho viva a lembrança daquela primeira vez!"

E Luís Carlos fica realmente emocionado depois de contar a sua história. Nessa idade, ele era uma "metamorfose ambulante", citando a música de Raul Seixas. Achava que a letra que diz "eu prefiro ser uma metamorfose ambulante do que ter opinião formada sobre tudo" tinha sido feita para ele, sob medida.

"Por um lado, eu me achava de vanguarda, diferente, maravilhoso por gostar de meninos, porque isso era diferente do meu pai e diferente de todos os homens que eu conhecia. No momento seguinte, eu já caía numa tristeza horrorosa, tinha uma culpa tremenda, maior do que eu, achando que estava completamente louco, que aquilo era uma doença, porque eu gostava de meninos e não de meninas."

E, pior, ele se considerava duplamente maluco e duplamente doente porque, além de não gostar de meninas, ele era muito diferente da imagem estereotipada, de homens afeminados, que tinha dos homossexuais. Luís Carlos não queria ser mulher, ele gostava muito da sua masculinidade.

"Eu não era aquele menino frágil, saco de pancada. Eu corria, brigava, caía de bicicleta, enfim, eu não era muito bruto, mas também não era nada fragilzinho. Isso para mim era um problema, porque a informação que eu tinha, o referencial que eu tinha sobre a homossexualidade eram homens que gostariam de ser mulheres."

Então essa experiência pode ser lembrada com carinho hoje, mas Luís Carlos também guarda na memória todo conflito e sofrimento que viveu por achar que havia algo de muito errado no que lhe fazia tão bem.

"Estava superfeliz porque tinha sido maravilhoso aquele beijo. A penetração, o cheiro dele, e era tudo muito gostoso, mas era pecado, era errado, era doentio. Era um choque horrível, me fazia sofrer muito, então era um período de contradição extremamente dolorosa, que me fazia sofrer muito."

Depois de se deixar levar pelas dores e delícias de suas descobertas adolescentes, Luís Carlos agora muda o tom. A voz que ouvimos é a dele, mas as lembranças são do seu companheiro Nelson. Luís usa a primeira pessoa, mas quem "fala" é Nelson. E ele começa lembrando, buscando na memória primeiro experiências de quando de fato ainda era virgem.

"O meu grupo de amigos da escola adorava se masturbar, quer dizer, eles adoravam se masturbar. Quando eu entrei para aquele grupo, eu não sabia o que era isso e perguntava: 'O que é isso? É gozar, né?' E todo mundo: 'Ah! Você com 14 anos não sabe, cara, como é que pode? Você é muito bobo. Você precisa ir para o banheiro tentar'. E eu: 'Mas como é que eu vou fazer?'. E aí me explicaram, e eu ficava tentando, e ficava me doendo o peru. No dia seguinte, quando eu voltei: 'E aí, já conseguiu?', 'Não, não consegui nada, só me doeu, eu não gostei dessa história', 'Bom, você tem de ir ao banheiro, pegar uma revista de mulher nua, e ficar tentando'. Aí eu fui lá e ficava tentando, até que de repente começou a me dar uma coisa, e aí era todo dia e toda hora! Pronto, aí não parei mais."

Nelson teve de estudar muito para ascender socialmente, já que sua família passava por constantes dificuldades financeiras. "Quando nós viemos para o Rio, fomos morar numa favela, ali em cima do túnel Rebouças. Eu fico fazendo a comparação, hoje, dos lugares em que eu vivo, que eu conheço, enfim, com a vida que eu tinha naquela época, que não era muito legal." A maior parte de seus relacionamentos e amizades surgiu na escola mesmo, no asfalto, no bairro das Laranjeiras.

"A minha primeira vez não foi com homem, foi com mulher. Isso eu credito à questão da religião, porque a minha família é evangélica, e eu tinha medo de assumir o desejo que eu já sentia pelos meninos, não pelas meninas. Mas eu transei a primeira vez com menina, e levei por muito tempo esse tipo de comportamento heterossexual, forjado por conta da religião. Até que muito mais tarde vim assumir o meu desejo homossexual."

Quem era essa menina? Sua namorada? Uma amiga? Uma prima? Ele ri e diz que não pode falar seu nome. Mesmo assim, conta que era uma colega de turma e que sua primeira vez aconteceu no próprio colégio. Não deixa de ser curioso observar que muitas das experiências relatadas neste livro têm uma ligação direta com a escola. Fausto, outro entrevistado, também teve sua primeira relação sexual no banheiro do seu colégio. Não vamos aqui julgar a adequação ou não desse fato, mas apenas fazer uma constatação.

É óbvio que, na adolescência, os jovens passam a maior parte do tempo em sala de aula, mas parece que o caráter disciplinador normalmente associado ao ambiente escolar não foi empecilho para os hormônios dessa galera.

Nessa época, Luís Carlos já estava com 18, 19 anos. Ele já tinha saído da casa dos pais e alternava sentimentos e emoções assim como trocava de namorados, ou namoradas. Numa época que define como pré-Aids, diz que sempre teve mais relações com homens do que com mulheres (mas uma coisa não excluía a outra). E a primeira vez de Luís Carlos com uma mulher teria sido com uma dessas namoradas, alguém de quem ele gostava, mas apesar de tudo, ou quase tudo, não houve penetração. Por isso, **a primeira vez de Luís Carlos acabou sendo bem parecida com a de** muitos homens ao longo da história, ao longo deste livro: com uma prostituta.

"O sexo é muito genitalizado, então essa primeira vez, com penetração, foi um nada, até porque meu desejo era nada. Eu estava ali com um grupo de amigos, então eu estava ali fazendo linha, fazendo hora e imagem para mim mesmo, que tinha de provar que eu conseguia, que eu queria aquilo, e na verdade eu não queria, eu não estava sentindo nada. E, quando olhei para ela, ela também estava ali, esperando a hora passar... foi muito estranho. Ao contrário, com a minha namorada, foi muito legal do ponto de vista do afeto, mas do ponto de vista sexual não foi nada. Realmente o meu desejo não passava por aqueles tipos de cheiros, aqueles tipos de humores, de líquidos, o meu desejo era outro. Porque transando com mulheres não rolava a emoção. Eu estava ali cumprindo alguma coisa para mim mesmo. Com os homens, era o contrário."

Com essa mesma idade, 18 para 19 anos, Nelson já havia assumido para si mesmo seu desejo por homens, por alguns amigos, inclusive, mas tinha muito medo de contar isso para alguém. Um amigo tinha viajado para o exterior e, quando se reencontraram, ele sentiu uma emoção muito forte, desejo, de novo é a palavra correta. Foi com ele sua primeira vez com um homem.

"Ele me perguntou: 'Você já transou?'. Eu disse que não. Na verdade eu não sabia como é que era, como é que penetrava, como é que era penetrado, eu não sabia nada disso. E a gente começou a conversar sobre isso, e aí a gente resolveu experimentar. Ele era virgem totalmente, e não conseguia ser penetrado de jeito nenhum, e aí espalhou para todo mundo que eu não sabia fazer sexo. Ele não conseguiu, ele sentiu dor, e isso foi muito ruim para mim, ele ter contado para todo mundo."

E se você, leitor, está se perguntando, a resposta é sim, isso também aconteceu no colégio onde ele estudava, atrás de uma das árvores do quintal.

Assim como Luís Carlos, Nelson sofreu muito. Achava que "sentia errado". Para um filho de pais evangélicos, fortemente influenciado pela religião, o pecado levava ao inferno e o inferno estava logo ali.

"Eu sempre tive muito problema com essa questão do desejo, até que lá pelos 25, 26 anos eu realmente acho que resolvi essa história. Passei a ter um outro entendimento da vida, e do sexo. Eu como todo dia, por que não fazer sexo? Comer é natural e é bom, por que o sexo não é natural e não é bom? Claro que é. Enfim, isso foi uma trajetória muito longa, muito difícil por conta desses dogmas absurdos e essas coisas todas."

Luís Carlos também teve de encarar seus desejos, mas foi um pouco antes disso, aos 19 anos. Um dia, conta ele, em plena confusão afetiva, teve de escolher entre a Leila e o Roberto.

"E aí todo mundo queria que eu ficasse com a Leila, na família, e eu resolvi optar pelo Roberto. E aí foi a trajetória normal de qualquer *gay*, ou seja, na família foi um horror. A minha mãe ficou completamente desapontada, completamente desesperada. O meu pai teve uma postura ótima, porque ele simplesmente se negou a falar no assunto. Ele só veio a falar sobre isso quando eu já tinha mais de 40 anos, ele me telefonou completamente bêbado."

O pai de Luís Carlos era açougueiro e pai de três filhos, dois deles *gays*. Nesse dia do telefonema, precisou tomar umas para ter coragem. Ligou bêbado e falou assim: "Você e seu irmão... Eu não entendo a vida que vocês levam, e eu nunca vou entender, mas eu quero que você saiba que eu tenho orgulho de ser pai de vocês, porque vocês são homens de caráter".

Quando Luís Carlos termina de contar isso, ele está com olhos cheios de lágrimas. Ele segura a onda: "E isso é muito legal, eu fico muito emocionado de falar isso porque é tudo que alguém gostaria de ouvir de um pai, entendeu?". Entendemos, sim.

"Minha mãe e meu irmão heterossexual são os dois mais resistentes, extremamente homofóbicos, preconceituosos, sempre foram, e eles viram que, ou eles aceitavam, ou eles perdiam a gente, eles tiveram de fazer essa opção. Isso foi muito bom, porque eles optaram por não nos perder, então hoje a gente tem um relacionamento respeitoso, amigável, civilizado, quer dizer, tanto eles vêm à minha casa, nos vêem como casal, como nós vamos à casa deles. A gente tende a ter um discurso meio vitimista do homossexual que sofre, mas na verdade eu acho que a nossa cultura é extremamente cruel, crudelíssima, no sentido de fazer todo mundo sofrer, os pais heterossexuais sofrem, o filho homossexual também sofre, todo mundo sofre, é muito chato isso."

Nelson e Luís Carlos nos contam que já estão juntos há sete anos. Nelson soube que estavam precisando de um professor de língua de sinais no Grupo Arco-Íris do Rio de Janeiro, e candidatou-se para a vaga. Assim se conheceram. Nelson começa falando o que o atraiu no "sorriso". Luís Carlos explica que "sorriso" é seu sinal na língua brasileira de sinais (libras).

"Ele é muito expressivo, e, apesar de não saber língua de sinais, a gente conseguia se comunicar. Até fomos ao sítio do Luís Carlos, ele não sabia línguas de sinais, mas tinha interesse, e a forma como a gente se comunicava era tão forte. A primeira vez que a gente transou na piscina de madrugada, com aquele monte de céu... foi lindo, foi muito legal. E aí nunca mais a gente se separou."

Na época Luís Carlos ainda vivia o final de um relacionamento de 15 anos que, segundo ele, tinha virado uma grande amizade. "A formalização do término de uma relação longa é muito difícil, você já tem apartamento comprado, carro comprado, já tem filho, no caso da gente, a gente tem filho adotado." Mas, mesmo sendo complicado, tudo se resolveu de um jeito ou de outro e hoje temos diante de nós esse casal com cara de felicidade. No entanto, Luís Carlos fala com muito cuidado e respeito sobre o grande amor que teve por Augusto, seu ex-companheiro. Com Nelson, diz, foi amor à primeira vista, depois se corrige dizendo que amor é uma construção. Talvez não saiba definir, mas que houve alguma coisa à primeira vista, ah, isso houve. **Nelson e Luís Carlos são um casal de bem com o relacionamento, com o trabalho, com a vida.** Está tudo muito bem. Mesmo assim, não resistimos e fazemos a pergunta clássica: "Fariam alguma coisa diferente?". Luís Carlos não pensa duas vezes: "Ainda bem que a gente não pode voltar no tempo, porque se pudesse fazer tudo de novo, certamente eu ia fazer diferente, e aí ia estragar tudo!"

Dito isso, lá fomos nós acompanhá-los num passeio cotidiano: subir a tal trilha da Urca que vai até o Pão de Açúcar. Na descida, uma água de coco e fomos embora. Exaustas e contagiadas.

Lígia e Renata

Lígia e Renata estavam animadíssimas com a possibilidade de dar uma entrevista e de falar sobre a sua relação. Segundo nossa pesquisadora, eram o casal mais animado, o que para nós era tranqüilizador. Por questões logísticas, já tínhamos remarcado com elas várias vezes e estávamos um pouco aflitas, com medo de que desistissem. A essa altura já estava claro que não era fácil encontrar casais *gays* que topassem falar para um livro sobre amor, sexo, primeira vez.

Lígia e Renata pareciam ser a exceção que confirma a regra. Quando chegamos ao amplo apartamento onde Renata mora, na Barra da Tijuca, fomos muitíssimo bem recebidas por uma comitiva. Lá, além de Renata e sua namorada, Lígia, estavam o irmão de Renata, a namorada dele e a mãe dos dois. Esta, diga-se, era um personagem à parte. Entusiasmada, aboletou-se no sofá e queria saber de tudo, como seria a entrevista, qual era a pauta e até qual a nossa opinião sobre determinados assuntos. "Ontem a gente entrou num debate por causa desse assunto; eu acho que, quando não há penetração, a mulher é tecnicamente virgem", dizia, já se adiantando e indo, ainda nas preliminares, um pouco além do esperado.

A família queria assistir aos depoimentos, achando tudo muito divertido, nosso casal de meninas parecia não se importar. A gente é que se importava um pouco. Primeiro porque o olhar ansioso de Lígia dizia, discretamente, outra coisa. Segundo porque não tínhamos certeza de que elas ficariam à vontade falando de um assunto tão pessoal, tão íntimo, diante de uma platéia tão pouco discreta. Assim, tentamos fazer com que o mínimo de pessoas permanecessem no lugar onde iríamos conversar com as duas. A mãe e o irmão acabaram se espalhando pelo apartamento, mas com a cunhada não teve jeito, ela não arredou pé. Felizmente concordou em sair do campo de visão das entrevistadas.

Lígia foi a primeira, e agora deixava transparecer todo o seu nervosismo. Renata, carinhosa, segurava a mão dela e dizia: "Calma, amor". Loirinha, olhos claros, *piercing* no queixo erguido desafiador, assim é Lígia ou, pelo menos, esta foi a primeira imagem que tivemos dela. As primeiras perguntas eram respondidas de forma econômica, poupando palavras, mas aos poucos ela foi se soltando. Escondidinha para não fazê-la rir, Renata acompanhava tudo. Com olhar de *voyeur*, parecia muito satisfeita em assistir Lígia falar.

Lígia Sant'Ana Turl tem 18 anos e quer estudar direito. Após a apresentação, diz que não tem mais o que falar.

E lá estava aquele queixo erguido outra vez, o olhar firme, um riso nervoso. Ela tinha muito mais o que falar, sim. O queixo foi baixando, os olhos foram ficando mais doces, e aí aquele sorriso lindo que nos recebeu minutos antes aparecia de novo, muitas vezes junto com uma gargalhada daquelas que dá vontade de acompanhar.

A primeira vez de Lígia foi com o namorado, aos 14 anos, depois de mais ou menos um ano de namoro. Eles se conheceram e começaram a namorar numa boate, em Teresópolis, sua cidade natal. O garoto era amigo de um amigo. Lígia sempre teve vários amigos, tinha também um primo muito próximo e adorava conversar e trocar confidências com a mãe, sua conselheira oficial sobre vários assuntos, incluindo sexo. Hoje, Lígia acha que nessa idade era uma "criança", mas uma criança muito esclarecida e bem informada, tinha liberdade de perguntar para a mãe sobre tudo. "Depois de certo tempo, eu acabei criando amigos e transferindo essa amizade para as pessoas com quem eu me sentia mais próxima. Conversava sobre sexo livremente."

Lígia era também uma adolescente participativa e politizada. Hoje acha graça, mas dá para ver que essa é uma característica forte na lembrança dela. Fazia parte do grêmio do colégio, ajudava a organizar manifestações. Nada a empolgava mais do que uma boa passeata. Gostava muito de política e da militância. Não é à toa que a moça hoje quer ser advogada.

Lígia perdeu a virgindade na casa do namorado, trancada com ele no quarto. **"E os pais dele batiam na porta, essas coisas normais de adolescente!"** Risos, risos e risos. "Eu acho que sempre fui muito segura nesse aspecto, porque minha mãe sempre me explicou muita coisa sobre isso, então não fiquei muito preocupada, eu deixei rolar mesmo. Eu sempre pensei de tinha que ser com quem eu achasse que fosse melhor, então naquele momento era o que eu estava sentindo e foi." Perguntamos se ela contou para alguém: "Ah, eu contei para os meus amigos, com certeza, com toda a felicidade de uma adolescente".

Algum tempo depois, Lígia descobriu que também se sentia atraída por garotas. E de novo aparece aqui, a história da melhor amiga. Uma história que se repete, com personagens diferentes, no caso de Lígia, com um detalhe diferente, ela se deu conta do que estava acontecendo e se declarou.

"Eu fui descobrindo aos poucos. Na verdade, acabei descobrindo porque eu gostava de uma amiga minha, e aí eu fui contar para ela. Eu já era esclarecida nesse sentido, sempre tive amigos homossexuais e compreendia, e sempre defendia também essa causa. A reação dela foi um susto, a amizade era muito grande, a ligação era muito grande, e ela não quis confundir as coisas, então acabou deixando de lado, mas foi naquele momento que começou tudo. A gente se afastou, infelizmente. Hoje em dia a gente tem contato, mas não é a mesma coisa."

O espírito questionador, curioso e seguro se revela aos poucos e nos ajuda a conhecer melhor a moça. Quando fazemos uma pergunta de que ela não gosta, ela simplesmente diz que não vai responder e pede que façamos logo a próxima. Muito sincera e transparente, fica logo estampado no rosto quando ela está tensa e quando está à vontade para falar o que pensa.

A outra primeira vez de Lígia foi com uma menina que ela conheceu pela internet (canal comum de encontro para a maioria dos entrevistados mais jovens). Ela queria conhecer meninas diferentes, estava cansada do povo de Teresópolis, perguntou para um amigo se ele não tinha ninguém para apresentar, e ele apresentou, por internet. Assim Renata entrou na história de Lígia e Lígia entrou na história de Renata.

Renata Perez tem 21 anos. No braço, bandeira do Brasil tatuada, na parede do quarto, uma megabandeira e ainda um tapetinho verde e amarelo. Orgulhosamente brasileira, despachada, risonha, esta é Renata.

A primeira vez dela foi com uma menina, aos 18 anos. Nessa época, ela se descreve como uma peste de adolescente que só gostava de bagunça, festa, rua e alegria. "Coisas saudáveis assim." E os meninos? Renata responde que sua curiosidade sempre foi voltada para as meninas.

Renata nunca teve uma relação sexual com homem. Já beijou vários, mas nunca se apegou a nenhum. "O meu primeiro beijo foi marcante: foi uma das piores coisas da minha vida. Eu fui praticamente agarrada pelo menino, e ele parecia que tinha mais de duas mãos. E eu fiquei assustada, eu tinha 13, 14 anos, e fiquei assustada." Ter uma relação sexual com um garoto é uma possibilidade que ela descarta: "Não tenho curiosidade. Eu acho que eu já sei o que eu quero". Renata pára, pensa e continua em outro tom, enfatizando bem o verbo "saber": "Eu acho, não, eu sei o que eu quero".

Ela começou a descobrir que curtia meninas quando entrou na faculdade. "Ah, um adolescente sempre tem curiosidade de saber como é se relacionar sexualmente. Mas eu acho que a minha curiosidade estava mais para o lado de ficar com uma menina." E tinha uma garota na turma pela qual Renata logo se interessou, e as duas começaram a ficar. Foi um romance passageiro, de duas semanas, a cara de Renata, que, admite, nunca gostou de se prender a nada nem a ninguém. Quer dizer, era assim até Lígia aparecer na sua vida. "Com essa primeira menina, eu cheguei quase lá." A primeira vez de Renata foi mesmo com a sua primeira namorada, "uma surfista que eu conheci por aí".

Aconteceu no carro da namorada, dentro do condomínio onde Renata morava na época. "Tenho uma lembrança boa dessa primeira vez, porque foi a primeira. Não foi nada de extraordinário, mas uma coisa para ser lembrada para sempre." Era a primeira vez da menina também, e por isso Renata conta que elas não sabiam muito bem o que fazer, como fazer. Ela estava muito nervosa. "Foi quando acabei com minha curiosidade."

Viveram seu relacionamento meio em segredo, tudo um pouco escondido. A tradição era ficar no carro mesmo, já que elas não tinham muito para onde ir. "Dois bichos-do-mato falando: para onde a gente vai? Ah, não sei. Também não sei. Então vamos ficar aqui." Renata acha que, na verdade, não combinavam muito. Mas o namoro terminou depois que ela conheceu Lígia, mais precisamente no dia seguinte.

Como fizemos com os outros casais, juntamos Renata e Lígia para fazer algumas perguntas para as duas. Elas sentaram na cama de solteiro de Renata. Na cabeceira, fotos antigas de Lígia, posando como modelo, como que tiradas para um *book*. É uma Lígia diferente, muito maquiada, cabelos compridos, fazendo pose com um chapéu tombado para o lado. Lígia dá pouca importância para aquilo, mas Renata diz que achou bacana e pediu de presente.

Renata e Lígia se conheceram, trocaram mensagens, *e-mails* e fotos durante uma semana, até se encontrarem ao vivo e em cores. Renata viu a foto digitalizada e achou Lígia "uma gatinha". Ir até Teresópolis não era uma decisão muito arriscada para ela, afinal sua família tinha uma casa de campo lá também e ela conhecia algumas pessoas na cidade para o caso de alguma emergência. Por isso os pais de Renata nem estranharam quando a filha avisou que ia viajar para a serra.

Renata tem esse jeito de ser muito direta, aparentemente segura e cheia de iniciativa. Só que, depois de propor ir até Teresópolis ver Lígia pessoalmente, o nervosismo tomou conta.

"Durante a viagem inteira, eu fiquei tensa. Eu queria dormir, para passar rápido, mas não conseguia, e a gente ficou trocando mensagens na viagem. Na serra não pega celular, eu fiquei roendo as unhas. E, quando cheguei lá, eu fiquei nervosa demais, e fui a última a sair, porque tive de ajudar uma velhinha com as malas. Aí, eu peguei o celular e fingi que estava falando."

Lígia diz que elas tinham combinado a roupa que cada uma estaria para que não houvesse erro. "É engraçado, porque ela ficou tão sem graça que pegou o celular e fingiu que estava falando com alguém. Eu percebi e aí perguntei: 'Você está procurando alguém? Eu sou a Lígia'."

E Lígia logo gostou de Renata, a primeira reação da moça foi abrir um sorrisão. Elas saíram da rodoviária, mas não sabiam muito bem para onde ir. Perambularam pelas ruas da cidade e decidiram sentar para tomar uma cerveja. Lígia descreve o lugar de um jeito engraçado: "Era um bar estritamente heterossexual, só aqueles machões ali tomando cerveja e comendo torresmo". Renata não tinha trazido casaco e estava frio na cidade serrana. Lígia então insistiu em emprestar o seu para ela. Renata acabou indo ao banheiro vestir uma blusa de manga comprida que tinha na bolsa. Quando ela já ia saindo, vestida, Lígia veio entrando. Então foi lá que aconteceu o primeiro beijo do casal.

"Foi dentro de um banheiro de um bar bem pé-de-chinelo, que é do jeito que a gente gosta mesmo, um banheiro sujo, bem apertado, em que mal cabia uma pessoa", diz Renata. Lígia completa a cena: "Engraçado foi o dono do bar batendo na porta: '**O que é que vocês estão fazendo? Quantas pessoas tem aí?**'. E o banheiro era tão pequeno que não podia ter mais de duas pessoas. E eu: 'Ah! Tem duas, mas é que está tendo um problema, espere um pouquinho'."

As duas se divertem revivendo os diálogos da traquinagem e lembrando o clima de excitação e constrangimento ao sair do banheiro sob os olhares do dono do bar e da clientela "estritamente heterossexual". Romântico e engraçado este começo, mas chama a atenção o fato de nenhuma das duas se sentir à vontade para dar um beijo na rodoviária, na pracinha ou mesmo sentadas na mesa do bar onde estavam. O começo desse amor era também o começo de alguns contratempos como, por exemplo, onde Renata ia dormir?

Lígia não sabia que Renata já tinha pensado nisso e armado um plano B em Teresópolis, caso precisasse de um teto. Muito prática, ela ligou para a mãe e mandou: "Mãe, posso levar uma amiga minha para casa? Ela veio do Rio". A mãe, que já tinha sido sua maior confidente, deixou, sem desconfiar das descobertas que a filha estava vivendo naquele mesmo dia. Quem ficou um pouco preocupada mesmo foi Renata, mas ela topou assim mesmo. Então a "amiga" Renata foi dormir na casa de Lígia. "E já no primeiro dia eu conheci a mãe, a avó, o primo... foi tensa a situação!"

Lígia dividia um beliche com a irmã mais velha, e a combinação, o que seria mais natural naquele dia, era: as irmãs se apertarem na cama de baixo, enquanto Renata, a visita, dormiria na cama de cima. Só que nem Renata nem Lígia conseguiam dormir. Lígia ficou em pé, ao lado da cama de baixo, de papo com Renata, enrolando para ver se a irmã caía no sono logo. A irmã percebeu e falou: "Lígia, sobe de uma vez". Renata acha que a irmã deu uma forcinha: "Eu acho que ela já tinha meio que cansado daquela situação, a irmã ficar em pé do lado dela, e aquele vai ou não vai".

As duas ficaram juntinhas na cama de cima, aos cochichos, até amanhecer. Renata conta que às seis da manhã Lígia foi para a cama de baixo: "Na verdade, a mãe dela não podia saber que ela tinha dormido comigo".

Assim foi a primeira vez de Lígia com uma menina, mas Renata também considera que de alguma forma foi a sua primeira vez. "Eu não posso ficar falando muito, porque senão ela vai ficar muito convencida! Mas acho que a primeira vez com ela foi diferente de qualquer relação com outra pessoa antes."

Lígia e Renata, mesmo morando em cidades diferentes, continuaram se vendo, se aproximando, se apaixonando. Decidiram namorar. Lígia achou que já era hora de contar para a mãe. "E aí, para ela na verdade foi um susto, ela achou que não fosse verdade, que fosse reversível, mas depois ela começou a se acostumar mesmo. Hoje ela compreende que na verdade eu tenho maturidade para saber o que eu quero." Pelo que Renata fala, a relação com a sogra ainda não é exatamente tranqüila: "Olha, eu gosto muito da família da Lígia. Eu acho que eu não sou muito o que a mãe dela queria. Eu acho que se eu fosse do jeito que sou e fosse homem seria perfeito".

As dificuldades não param por aí, apesar de as duas serem tranquilas. Apesar de falarem abertamente sobre o assunto, vivem o preconceito nas pequenas coisas do dia-a-dia, todos os dias. **A avó de Lígia parou de falar com ela porque "não queria ter uma pessoa homossexual" na família.** O pai volta e meia faz uma piadinha. Da última vez se espantou: "Você raspou as pernas? Porque sapatão não raspa as pernas!". Lígia então tem de ser didática, explica que não é porque gosta de mulher que vai deixar de ser uma, uma aulinha bem básica.

Com a mãe da Renata o papo é outro. Segundo a filha, ela "não tem vergonha de falar para os outros que tem uma filha que tem uma namorada. Aliás, ela fala para todo mundo. Ela praticamente anda com um adesivo no carro: 'Eu tenho uma filha *gay*'". E as meninas são muito gratas a ela por isso, sobretudo Lígia: "Eu acho que foi a pessoa que mais deu força para a gente. Ela passa essa segurança para a família inteira dela, como se fosse uma coisa normal, não tem de ficar escondendo".

Lígia hoje mora no Rio de Janeiro e namora Renata há um ano e três meses. Elas fazem planos, querem ter filhos, mas tudo a seu tempo. São jovens, lindas, leves e soltas. Apesar de tudo, ainda é complicado para elas demonstrarem afeto público. Renata acha isso uma besteira, por ela agia como quisesse onde quisesse, mas para Lígia ainda é difícil. "Por mais que às vezes eu pense assim: 'Eu não posso me esconder', porque eu tenho de agir como se fosse uma coisa normal, porque é uma coisa normal..." Renata interrompe: "Nós somos um casal como qualquer outro". Lígia tenta explicar o que sente: "Eu estou num bar, tem um bando de heterossexuais, casais, então a gente se sente desconfortável, porque sabe que as pessoas vão olhar torto. Por mais que a gente tente fazer com que isso seja uma coisa normal. Ainda sentimos essa insegurança". Lígia acha que em dez anos a situação vai ser diferente. Renata é mais otimista. "O preconceito já é ultrapassado demais, não vamos ter muitos problemas."

A maior diferença entre esse casal e os outros que entrevistamos é o desprendimento com que as meninas demonstraram carinho em casa e no Bosque da Barra, aonde fomos acompanhá-las em um piquenique. Mesmo tendo vivido alguns conflitos para "sair do armário", e talvez por experimentarem suas descobertas em um momento bem diferente dos outros, as duas parecem mais livres.

Problemas, dificuldades e provas de intolerância estão aí em profusão. Apesar disso, as novelas já mostram personagens *gays*, testemunhamos os primeiros casamentos de pessoas do mesmo sexo e aplaudimos as manifestações GLS, sobretudo, o dia do orgulho *gay* que colore as ruas de várias cidades pelo mundo. Entidades como a ONG Grupo Arco-Íris, em que Luís Carlos e Nelson avançam nas conquistas que há poucos anos pareciam improváveis.

Então, só nos resta unir nossos desejos aos de nossos entrevistados e querer que essas histórias ajudem a legitimar perante o mundo sentimentos, desejos, afetos que constroem um amor tão verdadeiro quanto o do ideal romântico original. De alguma forma, também vivenciamos a metamorfose ambulante de Luís Carlos, os conflitos de Nelson, a vontade de dançar de Sílvio, as travessuras de Fausto, o romantismo de Cila, a força e sensualidade de Eliana, a juventude e a esperança das guerreiras Lígia e Renata. Com eles nos identificamos, rimos, nos emocionamos e tivemos certeza de que este era definitivamente o capítulo mais romântico do livro.

Gerações

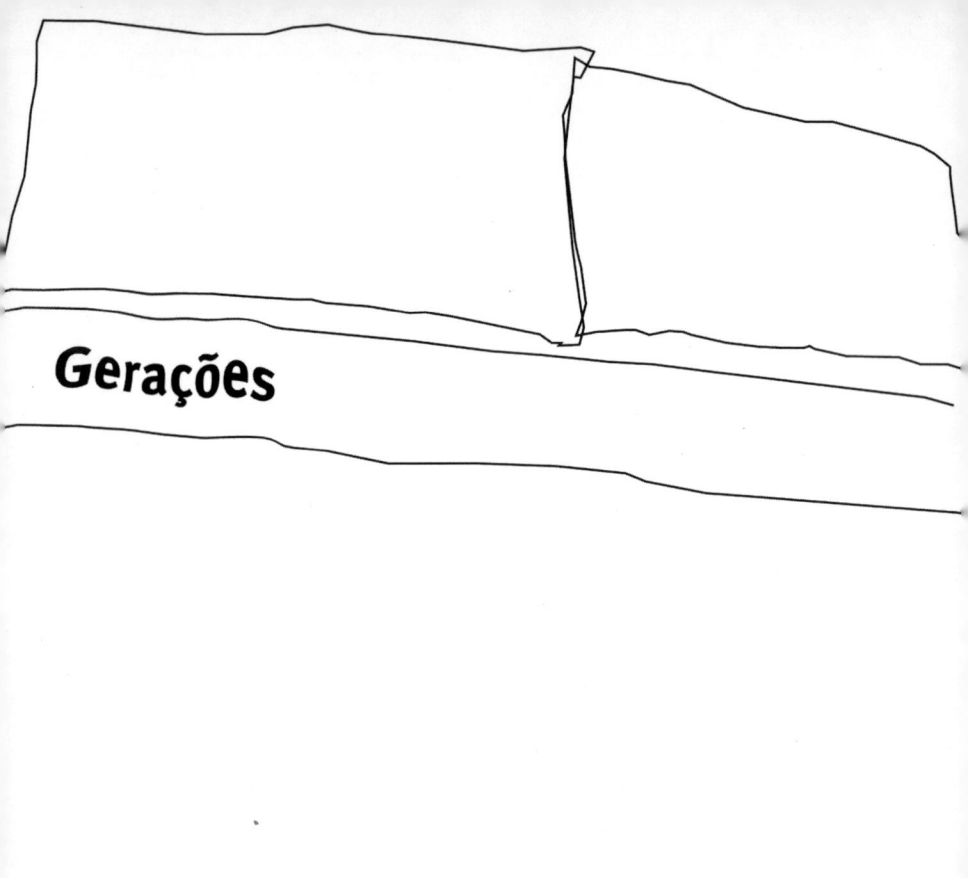

"Somos três mulheres que viveram momentos históricos diferentes na época da virgindade. Então, cada uma perdeu a virgindade de um jeito que era muito pertinente à época." A fala de uma de nossas entrevistadas sobre as mulheres de sua família ilustra bem o assunto e o clima deste capítulo. A primeira vez de uma menina hoje é completamente diferente da primeira vez da avó dela, o contexto é outro. Mas será que não existem pontos comuns? Um adolescente virgem dos dias de hoje não pode identificar-se profundamente com as expressões e expectativas que existem desde que o avô era jovem? Será que as histórias se repetem?

Essas eram as nossas questões. Quando juntamos as mulheres de gerações diferentes e depois os homens para falar do assunto, surgiram muitas outras.

Fizemos entrevistas individuais e, em alguns casos, juntamos as famílias em atividades rotineiras e, mais do que perguntar, estimulamos a prosa. Testemunhamos então, e relatamos aqui, momentos de revelações, descobertas e também de conflitos expostos, feridas ainda abertas. Uma constatação se repetiu em todas as casas em que entramos e nos depoimentos de todos os entrevistados que se seguem (e mesmo daqueles que por alguma razão não constam deste livro). Para todos, esta era a primeira vez que conversavam "em família" sobre a primeira vez. Com o perdão da redundância, sempre há uma primeira vez.

Família Teixeira de Freitas

Ilha do Governador, Rio de Janeiro, meio da tarde, quarenta graus à sombra. Chegamos para entrevistar Tonho, Ian e Cauli, uma atípica família de classe média carioca. Tonho é o pai de uma prole de quatro filhos, fruto de três casamentos diferentes. Na estante da sala, vários porta-retratos com fotos de família, ou melhor, com fotos dos homens dessa família (o pai e os filhos pequenos).

Alguns dias depois, iríamos conhecer também seu Zé, o patriarca. Mas para isso teríamos de pegar a estrada até Praia Seca, de onde, pelo que entendemos, seu Zé não sai nem arrastado. É lá que ele mora, é lá também que dá suas caminhadas matinais na praia, namora. Se é para descrever esta família com dois adjetivos, digamos que é uma família de homens bonitos e esportistas. O primeiro que vamos conhecer é Antônio, ou Tonho, para começar logo na intimidade.

Tonho

Antônio Carlos Teixeira de Freitas tem hoje cinqüenta e poucos anos, está no terceiro casamento e perdeu a virgindade entre os 15, 16, ou pelo menos acha que foi por aí.

Naquele tempo saía, ia para festas, era uma época de muita paquera. Tinha outras atividades, sobretudo praticava bastante esporte. Durante a adolescência começou a descobrir as meninas e foi descoberto por elas. Tonho sempre foi um cara muito livre, gostava de passar o dia inteiro na praia, junto à natureza. No final dos anos

1960, ele e os irmãos mais velhos começaram a usar cabelo grande, e aquilo virou uma marca. O lugar onde moravam ficou conhecido como a "rua dos cabeludos".

Na casa de seu Zé e dona Amélia, sempre tinha muita gente, só de filho eram nove, sete homens (os cabeludos) e duas mulheres. Tonho acha que tinha até um pouco de dificuldade de fazer amigos fora de casa, já que na família tinha de tudo. Brigavam e brincavam dentro de casa. Aos 14, perdeu um irmão dois anos mais velho, o mais companheiro. Isso foi um fato marcante em sua adolescência. Até aí a criação deles era muito rígida, com horário certo — onze horas — para chegar em casa. Depois da morte do filho, seu Zé decidiu que não adiantava nada controlar horário: o que tinha de acontecer, aconteceria de qualquer jeito.

Tonho perdeu a virgindade com uma menina das redondezas. Ele estudava num colégio estadual e ela, no particular, mais próximo. Tonho dá a entender que ela já havia tido alguma coisa com um dos irmãos mais velhos dele. Sem saber muito como defini-la, diz que era uma menina mais "esperta". "Ela era mais solta. Tive namoradinhas do colégio mais recatadas, só tinha uns beijos na boca. Mas essa menina era mais liberada, tinha experiências mais avançadas na área da sexualidade." O irmão dele começou a namorar a irmã dela, assim eles se aproximaram.

A primeira vez rolou num carnaval. O irmão de Tonho sabia que a menina estava sozinha e, com sua aprovação, armou tudo. Os quatro foram acampar em Piratininga, uma praia do outro lado da baía de Guanabara. Tonho disse que, durante a viagem na barca, os dois já começaram a conversar e rolou um clima. A história contada por ele não é nada romântica. Ele só ficou com ela porque sabia que ia transar, de resto não tinham muito em comum. A menina era atraente, ou melhor, gostosa, como Tonho falava na época, e seus filhos devem falar até hoje ao se referirem a alguém que chama mais atenção pelos atributos físicos.

"Foi estranho, mas de maneira geral foi legal. Mas ela não tinha nada a ver comigo. Por um lado, foi bom, porque acabou aquele tabu que estava rolando muito na nossa geração, os amigos já estavam transando. Tinha toda essa questão de os pais levarem os filhos para o prostíbulo. Meu pai nunca conversou sobre sexo com a gente. Cada um teve de se virar por si." Duas coisas pouco comuns aconteceram na primeira vez de Tonho e justificam o "estranho" ali de cima. A primeira foi que o lençol ficou todo sujo de sangue, e o sangue era dele, porque ainda não tinha feito operação de fimose. A outra foi que, ao contrário da maioria de nossos entrevistados, ele se sentiu um pouco usado, ou pelo menos é isso que se percebe ao ouvi-lo falar. Diz que para ela "deve ter sido mais uma aventura, mais um gatinho que ela tinha conquistado". Tonho reconhece que era um cara badalado, e acha que isso pode ter atraído a moça. Mas admite que, logo depois do fim de semana, ela foi a primeira a se desinteressar, já partindo para outras possibilidades, enquanto ele ainda não sabia o que de fato aconteceria entre eles.

Perguntamos se Tonho conversa com os filhos sobre esse assunto, se por exemplo já contou para eles essa primeira experiência. Ele diz que não. Às vezes se preocupa, acha que devia conversar mais, mas lembra também que hoje a televisão e a escola explicam muita coisa. Ninguém elucida a coisa do prazer, mas isso, acredita, vem depois, com o tempo, naturalmente.

O único conselho que Tonho dá para os filhos é para não se envolverem com mulheres casadas, porque podem sofrer alguma violência por parte do marido. Mas ressalta que não tem nada contra as mais velhas, ao contrário, acha que com elas é até mais fácil aprender a relaxar.

Ian seguiu direitinho um dos conselhos do pai mas, aparentemente, esqueceu-se de seguir o outro.

Ian

Ian tem 21, é estudante de fisioterapia, "maluco por esporte, um cara meio apaixonado pela vida, pela minha namorada e pela família também".

É um garoto bastante família, segundo sua própria definição. Gosta de coisas simples. Não é tímido, mas começa o papo comedido, reticente com as palavras. Várias vezes ameaça falar uma coisa e pára, arrepende-se no meio e pede para recomeçar.

No quarto que divide com o irmão Cauli, Ian conta como perdeu a virgindade, aos 16 anos (mesma idade do pai). Para imaginar Ian com essa idade, a palavra é "esporte", por aí começamos a descobrir qual é a "praia" dessa família. Os Freitas têm personalidades e até jeitos bem diferentes, mas têm em comum essa ligação quase umbilical com a prática esportiva. São, cada um em sua época, garotos sarados.

"Acho que a minha vida toda sempre girou em torno de esporte, era jogar o que fosse: futebol, tênis... surfar, aproveitar ao máximo o tempo. Aos 16 anos, então, você está mais à flor da pele, tem força para fazer tudo."

Como os seus esforços estavam todos voltados para o esporte, Ian nunca foi um aluno exemplar, estudava o mínimo necessário para passar, e passava raspando. Também não gostava muito de sair, mas às vezes saía porque, segundo ele, com 16 também os hormônios estão à flor da pele. Além disso, diz sem falsa modéstia "menina é o que não falta. Nossa família é bonita, todo mundo boa-pinta, então sempre tinha uma menina dando mole". Nessa idade, ele calcula que já havia tido umas dez namoradas.

Ian conviveu pouco com a mãe, e por isso acha que era meio carente, que buscava nas namoradas certo substituto para o carinho materno. Morou com o pai e os irmãos desde os dois anos de idade, mas não parece muito à vontade em falar sobre o assunto.

"**E daí veio essa outra namorada, uma menina mais**

velha e que me levou para o mau caminho." Ele ri, está claramente brincando, mas depois vamos entender que tinha mesmo uma "aura" de pecado e culpa nessa história. Algum tempo antes de perder a virgindade, Ian seguiu o exemplo de um irmão mais velho, virou evangélico e se dispôs a viver segundo os preceitos da religião. Por isso, quando perguntamos se ele sentia uma pressão externa para deixar de ser virgem, ele diz que não, sentia uma pressão interna e vivia também um grande conflito:

"Ao mesmo tempo que eu queria [transar], eu estava na igreja, e como é que é isso? Acho que isso era o meu maior conflito. Pensava 'isso é pecado, é horrível', quando na verdade não é para ser horrível, não é para ser pecado, é uma coisa que, se não fosse boa, ninguém fazia".

Quando os hormônios falavam mais alto e ele pensava na possibilidade concreta de perder a virgindade, tinha, digamos, um pré-requisito: não queria que fosse com uma prostituta, como via os amigos fazendo, mas com uma menina que ele conhecesse e de quem gostasse. E assim foi.

A menina em questão devia ter vinte e poucos anos, mas, para o garoto de 16, era uma "mulher mais velha". Ele ainda fala dela assim, com a distância que de fato devia existir entre eles. Era uma pessoa com quem conversava muito sobre tudo: religião, futebol, sexo... era uma amigona e isso foi o que mais marcou na relação deles. Naquelas longas conversas, o menino encontrava algumas respostas para suas questões e relaxava. Diz que foi um tempo de muito aprendizado. A relação deles era assim: encontravam-se, conversavam, ficavam. Quando? Sempre que um estava carente e coincidia de o outro estar também. Um dia ele cansou desse chove-não-molha e resolveu terminar o que talvez nem tivesse começado direito. O telefone tocou, era ela e ele falou que queria terminar, que estava tudo errado.

Ela passou de carro e os dois foram para a casa dela. Ele começou a falar, ela lhe deu um beijo, ele falou um pouquinho mais, ela deu outro. Ian diz que "foi atacado".

"Quando vi, já estava na cama, não tinha nem escapatória. Depois que aconteceu eu falei que tinha acabado, ela falou que sabia, me levou em casa e eu fui dormir. E foi isso, sabe? E acabou assim."

Depois veio a culpa. Foi difícil para Ian, que define o momento como uma salada de conflitos: escola, hormônio, menina dando mole. Haja cabeça para lidar com tudo isso. Ian foi conversar com o irmão evangélico, pediu conselhos. Acha que a ajuda dele foi importante naquele momento. Ele, Ian, se arrependeu e pediu perdão. Hoje já tem outra visão sobre pecado, igreja e sobre tudo isso:

"Acho que um dos problemas maiores da igreja é a hipocrisia das pessoas. Ah, não, não pode porque é pecado, quando na verdade está todo mundo ali dentro de camisas-de-força, se segurando, querendo mais é sair por aí e fazer o que tiver com vontade, sabendo que Deus vai estar lá quando você precisar".

E o que aconteceu com a "mulher mais velha"?

Eles se encontravam de vez em quando, freqüentavam os mesmos lugares e se falavam numa boa. Quando ele fez 17 anos, foi morar um ano e meio no Havaí. "Quando voltei, ainda fiquei algumas vezes com ela e... tudo bem, a nossa relação é tranqüila, de amizade, só."

Ian nunca contou essa história para os pais ou para os outros irmãos. Diz que nunca rolou uma conversa sobre quem fez o quê e como. Mas especula um pouco. Acha que, da época do avô para hoje, é um caminho gigantesco:

"Eu não sei a história do meu avô, mas acredito que tenha sido aquela coisa, com uma mulher da vida. Naquela época era bem comum os homens saírem com prostitutas porque a namorada mesmo você não podia, a namorada era para casar, mas a mulher da vida estava lá para isso. Meu pai já é completamente diferente. Era 1970, e essa década foi mais liberal que a minha. Na minha época, se você quiser sexo à vontade, você vai ter. Tem em cada esquina, sabe? E o Cauli... Eu acho que a tendência é ficar pior. A tendência é a galera ficar cada vez mais liberal".

Mas tem uma coisa, uma única coisa, que ele acha que não mudou: "A vontade de você conhecer uma pessoa e ter relação com ela. Eu acho que a vontade nunca muda". Ian espera que seu irmão Cauli ainda seja virgem: "Ele é muito novinho ainda".

Cauli

Como descrever o Cauli? Se a essa altura já estávamos pendendo para o brega e totalmente acostumadas a adorar os nossos entrevistados, Cauli foi um caso extremo. Quando ele sentou na cama para conversar com a gente, parecia que estava indo para a forca. Depois ficamos sabendo que ele quase havia desistido da entrevista. Nós, que íamos perguntar um monte de coisas para ele, também ficamos um tanto apreensivas e tomando todo cuidado do mundo para ele não "travar". Do fundo do nosso coração, queríamos que a experiência fosse rápida, indolor e, quem sabe, até interessante.

Cauli tem 15 anos e diz que gosta muito dos amigos e de todo tipo de esporte.

Fizemos então, logo de saída, a pergunta mais direta e talvez para ele a mais temida. E ele, rapidamente: **"Eu sou virgem"**.

Cauli já gostou de várias garotas, mas namorar mesmo só namorou duas. Deixou de ser BV com 10 anos, quando estava na quarta série. BV, ele explica, significa "boca virgem", portanto, nas palavras de Cauli, "é perder a virgindade do beijo, beijar pela primeira vez".

O primeiro beijo de Cauli foi com uma menina que estudava no colégio e que ele já conhecia. Eles estavam na festa de uma amiga. Ele diz que não sabia muita coisa, mas chegou e perguntou se ela queria ficar com ele.

Foi assim, não tinha muita coisa para falar. Ela perguntou para uma amiga dela, pensou, pensou... Cauli insistiu e ela topou. Aí eles se afastaram um pouco da festa e rolou o primeiro beijo. Ele acha que foi legal. "A primeira vez que a gente faz, não sabe muito o que é, mas foi legal."

Sobre a questão da virgindade, Cauli diz que não conversa muito com os amigos, até porque não tem muito o que falar, mas sabe que a maioria, como ele, ainda é virgem. Diz que tem até amigos mais velhos, com 16 anos, que ainda são virgens. Não vê problema nenhum nisso.

Com as namoradas que teve, nem se falou no assunto virgindade/sexo. Elas podiam até pensar, diz ele, mas ele nunca quis correr o risco de elas acabarem com ele por achar que ele estava querendo coisa demais.

No momento não está namorando. Quando perguntamos se acha que está perto ou longe do momento da primeira vez, Cauli sorri timidamente. Fica em silêncio, indeciso sobre o que vai falar, ou mesmo sobre sua opinião. "Eu não sei se eu estou perto ou longe desse primeiro momento, penso muitas coisas, sei algumas coisas. Pode estar perto, porque eu já amadureci bastante, de um ano para o outro eu cresço muito."

O que imagina da primeira vez?

"Eu preferia que fosse com uma menina que eu goste, que eu esteja namorando, que já conhecesse há bastante tempo." Cauli acha que, se for com uma menina que ele não conhece direito, vai se sentir mais obrigado a ficar com ela, a ter de namorar depois.

Acha também que não tem hora certa para a primeira vez. Algum dia vai acabar chegando, mais cedo ou mais tarde, mas não se importa muito com isso. **"Eu tenho curiosidade de saber como é porque é uma coisa que todo mundo faz no mundo, deve ser muito bom."**

Ao final da entrevista perguntamos se Cauli queria dizer mais alguma coisa. E ele balançou a cabeça veementemente e jogou-se para trás em cima da cama, completamente aliviado por ter acabado.

Não queria dizer mais nada, mas talvez quisesse ouvir. Alguns dias depois, quando fomos buscar os meninos para ir até a casa do avô, os dois irmãos pareciam bem animados. Pranchas de surfe, bola de futebol, barracas. E lá fomos nós rumo a Praia Seca.

Seu Zé

Chegamos à casa de seu Zé num fim de semana de verão guiados por Ian e Cauli. Tonho já estava lá, nos esperando com sua nova namorada. Seu Zé, cabeça e barba brancas, confortavelmente alojado em sua cadeira de balanço, na verdade uma rede pequena pendurada por um gancho no teto. Tem jeito de avô com muita história para contar. O filho e os netos se espalham pela varanda, já tinham falado, agora queriam ouvir. A nosso pedido, seu Zé se apresenta:

"Meu nome de nascimento é José Álvaro Teixeira de Freitas. A maioria dos meus amigos me chama de Álvaro, agora aqui em Praia Seca, eu peguei o nome de que eu gosto mais, seu Zé."

Uma coisa curiosa é que, depois de responder a cada uma das perguntas, seu Zé nos olha firme e fala: "Vamos lá, vamos para a próxima". Este é um traço marcante dele, apesar de muito solícito, não parece muito disposto a voltar ao passado, mas sim em seguir em frente. É ele portanto quem dá os cortes e imprime o ritmo da entrevista que se segue.

Seu Zé não se lembra direito da sua primeira vez. Diz que foi por aí, pela vida, mas o acontecimento está lá no passado, muito longe de seus atuais 86 anos.

Quando começamos a puxar pelo fio da memória, o novelo de lembranças há muito guardadas vai se desfazendo.

"Teve um período, uns dez, onze anos, de muita masturbação, não sei se aí nisso a minha virgindade se foi. Depois me dediquei muito ao esporte. Quando comecei a namorar a mãe desses meninos, que se chamava Amélia, e era mulher de verdade..."

Seu Zé pára um pouco. Emociona-se ao falar da mulher com quem ficou casado por quase quarenta anos. Dentista, diz que conheceu Amélia lá pelos 18 anos, quando seu dente siso nasceu. Eles primeiro se encontravam no colégio, depois ele foi tomando coragem e se aproximou da família, até que começou a dar aulas de inglês para Amélia. Só podemos imaginar os olhares, os toques discretos que a proximidade entre um *I am, you are, he is* propiciava. A proximidade levou ao namoro e seu Zé ganhou permissão para namorar em casa. O namoro dos jovens José e Amélia era clássico, sem muito beijo consentido (com alguns roubados). Ele diz que não tinha essa de língua, e faz uma careta, botando a língua para fora e imitando um beijo de língua. Tinha o quê?

"Ah! Era mãozinha, era bem-comportado, não tinha beijo, era só apertinho de mão, nós conversávamos ali na sala, a sogra ali perto, o sogro lá. Tudo muito vigiado, muito santo."

Mas tinha beijo escondido? "Ah, isso sempre acontecia." Para ir além disso, era preciso casar. Ele até tentava "corrompê-la" de vez em quando, avançar um sinalzinho aqui outro ali. Para ele a questão da virgindade não era importante, mas para uma moça de família, não tinha conversa. **Era um tempo em que a mulher tinha que ser virgem e pura até casar, sob pena de ter o casamento anulado na noite seguinte.** E Amélia tinha uma moral rigorosa.

A energia que não podia gastar com a namorada o garoto gastava na sua outra paixão: a natação. Eram as duas coisas mais importantes da sua vida. Ele ia dormir às oito horas da noite, acordava às quatro da madrugada, estudava até as oito horas da manhã, e então ia para a piscina.

"Eu praticava natação todo dia, nadava mais de mil metros, fazia um esforço, e estudando, porque eu estava na faculdade. Eu nunca tinha entrado numa paixão, mas aí, com a paixão, eu me abstive de sexo."

Aos vinte e poucos anos, jovem, bonito e atleta, José se absteve de sexo durante sete longos anos. Agüentou firme, "feito Jacó esperando por Raquel". Até que acabou a faculdade e eles se casaram. José e Amélia casaram-se no civil, mas ainda tiveram de esperar um pouquinho pela primeira vez. "Sem as bênçãos de Deus, não tinha." E não teve.

"A primeira noite de casado, eu passei sozinho, mas na segunda, aí funcionou, eu descontei o que faltou. Começou um período de lua-de-mel. Tinha amor todo dia, todo dia, todo dia."

E depois do casamento vieram os filhos: o primeiro, nove meses depois, então mais oito, um seguido do outro.

Seu Zé diz que, em casa, nunca se falou sobre sexo, não havia esse tipo de conversa. Ele sabia das coisas a partir do que lia, do que ouvia. Uma vez achou um livro na estante do pai. "Livro muito bom, muito direitinho, chamava-se *Segredos do leito conjugal*, um dos primeiros livros que eu li sobre o assunto." A mãe ralhou, mas ele leu e se instruiu um pouco mais.

Na casa dele com Amélia foi a mesma coisa, ninguém conversava sobre isso. Ele deixou que os filhos fizessem cada um o seu caminho. E os filhos foram casando, tendo filhos, se separando, casando de novo.

Hoje, seu Zé acha que as coisas estão muito diferentes. "Qualquer neto meu aí já deve ter tido uma relação sexual." Nessa hora, Cauli, que estava num canto da varanda, caladinho, balançou a cabeça negativamente. Seu José viu, mas ainda desconfiou: "Ele disse que não... provavelmente não fez, ou está mentindo!".

Ao final da entrevista, seu Zé ainda guardava uma surpresa. Disse que atualmente não está solteiro. Tem uma namorada, um anjo que apareceu em sua vida. Eles pensaram em se casar, mas, depois de passarem uma semana juntos, acharam que não servia e arrumaram um outro jeito. "Hoje em dia eu fico aqui, e ela fica lá, ela é independente financeiramente, e eu também. De vez em quando eu vou para lá, passo uns dias com ela, de vez em quando ela vem para cá, passa alguns dias." E eles vão vivendo. Do alto de sua sabedoria, ele com 86, ela com 71.

Depois da conversa, juntamos a família na praia para um "papo gerações". Tonho disse que achou interessante o fato de o pai ter esperado sete anos pela mãe. Nunca tinha escutado essa história. Seu Zé explica que o que o segurou foi o amor e a natação.

Ian fala que o avô tinha de aceitar a sociedade na época assim como ele tem de aceitar a sociedade de agora. "Cada pessoa é o seu tempo."

Perguntamos o que eles acham que há em comum entre eles. Tonho responde: "Todos gostam de mulher".

Todo mundo concorda e ri.

Cutucamos Cauli, que até aquele momento não tinha falado nada. Ele diz que aprendeu alguma coisa com as histórias que ouviu, mas que ainda não tem a história dele sobre esse assunto.

Tonho fala que esse dia mexeu muito sua emoção, pois eles se reuniram ali em Praia Seca, viram antigas fotos, descobriram coisas um do outro. E que se emocionou de ouvir as histórias dos filhos, com quem nunca tinha tido esse tipo de abertura. Diz que gostou especialmente da atitude de Cauli, que não queria dar entrevista e acabou assumindo sua virgindade. Ao ouvir aquilo, seu Zé tranqüiliza o neto: "Na hora, tudo corre bem".

Tonho complementa: "As meninas são grandes professoras, elas nos ensinam".

Saímos de lá deixando seu Zé, Tonho, Ian, Cauli e o remexido baú de recordações. Agora estávamos loucos para ouvir "as meninas".

Família Binato

A família Binato é formada por mulheres de personalidade forte. Leda é uma carioca-mineira, nasceu no Rio, mas nunca se lembra disso. Para ela, virgindade é um assunto tabu e ela declara já de saída que "é a favor". Teve três filhos, que foram criados entre Minas e Petrópolis (RJ).

Heliana, a filha do meio, nasceu em 1946, é mineira, estudou a vida inteira em um colégio tradicional, de elite, o Sion. Fez faculdade de letras em Petrópolis, casou-se e ficou viúva muito jovem, aos 30 anos. Mudou-se para a Barra da Tijuca, no Rio de Janeiro, onde mora até hoje. Heliana teve dois filhos, Fabrício e Fabiana.

Fabiana tem hoje 36 anos e é mãe da Nina, de 7. Foi ela quem se ofereceu para dar esta entrevista com a mãe e a avó na sua casa, também na Barra da Tijuca, e sugeriu que as três fizessem uma salada Waldorf (típica receita de família), enquanto respondiam às nossas perguntas. A primeira foi como cada uma perdeu a virgindade. Leda, definitivamente a mais falante, contou a sua história.

Leda casou virgem, aos 19 anos, com o primeiro e único namorado que teve. Começou a namorar com 13 anos, foram cinco anos de namoro e um de noivado.

"O primeiro beijo que eu dei nele, eu já namorava fazia muito tempo mesmo. Nós fomos passar uns dias num lugarejo distante, eu estava na casa da minha tia e, na hora de levá-lo no portão, ele aproveitou e me deu um beijo. Aquilo foi uma emoção tamanha! Era um namoro muito espaçado, meu pai não admitia namoros modernos, não era aquele negócio de todo dia. A gente ia ao baile e mamãe ia atrás. A gente tapeava a mamãe, dava uma volta, se escondia num lugar que tinha mais gente para mamãe não ver e a gente ficar mais junto. Eu sempre fui a favor da virgindade, não por pudor, mas acho que é uma coisa que pode resguardar, que é tão bonito. Para mim o ato sexual foi uma surpresa muito grande.

Eu tinha uns tabus que só desvendei depois do casamento.
Acho que ainda tem muita mãe que pensa como eu."

Heliana era jovem num momento de grande mudança dos hábitos e costumes da sociedade, estamos falando das décadas de 1960 e 1970. A menina de personalidade forte tinha suas próprias convicções e não se deixou abalar pelo contexto da época. Diz que viveu uma coisa muito parecida com o que a mãe contou.

"Eu tinha pais muito rígidos, na cidade do interior esses valores eram fundamentais. Era uma coisa de descobertas aos poucos. Eu queria me casar e também me casei virgem, mas por opção. Achei que era fundamental pela minha educação."

Heliana sabia que a virgindade ainda era importante para os homens de sua geração. Nessa hora, Fabiana interrompe: "Meu pai nunca tentou?".

Heliana explica: "Era aquela coisa de tecnicamente virgem, mas que dava para segurar sem atrito, sem problema".

Heliana diz que elas nunca conversaram muito sobre isso. Ela estava se separando do segundo marido quando a filha era adolescente, e reconhece que talvez tenha sido um pouco ausente nessa época. Fabiana conta a sua experiência. "Eu perdi com 18 anos. Fui a última das amigas", diz, achando graça.

A avó pergunta se ela se sentia complexada.

"Eu já estava há muito tempo. Não teve nenhum romantismo. Realmente queria resolver o problema".

A mãe pergunta: "Mas era um problema para você?".

"Depois de um tempo, vira problema. Dos 15, aos 17 anos não. Mas quando chega aos 18! Você pensa: Só eu? Eu tenho algum problema."

"Você fica achando que você é que não está certa", complementa dona Leda.

Heliana, sinceramente curiosa:

"Foi ruim? Você se arrependeu?"

"Não. Eu me arrependi de não ter sido antes, com o namorado que eu amava, na época que isso deveria ter acontecido e eu fui reprimida o tempo todo. Eu não tive a segurança necessária para fazer direito."

"Aí foi fazer depois!"

"Quando eu me libertei de um monte de coisas e falei: agora quem manda sou eu."

Mas que lembrança você guarda desse episódio hoje?, perguntamos. Fabiana diz que tem uma lembrança de decepção.

"Foi realmente a minha primeira decepção com os homens, porque, embora eu tenha feito tudo e resolvido, depois que a gente transou, ele virou para o lado e dormiu. Eu fiquei deitada na cama, olhando para o sujeito e pensando que tinha alguma coisa errada. Mas o tempo ajuda a gente a solucionar esse tipo de coisa."

Outra coisa que irritou muito Fabiana foi o rapaz ter duvidado de que ela era virgem, isso mesmo depois da relação! Ela se arrepende de não ter ido embora imediatamente. Três dias depois, terminou o namoro e nunca mais o viu.

Com as amigas, os papos eram sobre quem já tinha feito, quem não, mas não se sentia pressionada por elas, só não queria ficar para trás. Ela diz que a primeira vez é um marco na vida, não é à toa que ela nunca esqueceu. "Até aquele dia eu não tinha vida sexual, depois passei a ter. Acho que basicamente a mudança é essa."

Heliana nunca soube quando a filha perdeu a virgindade. Mas explica que elas sempre tiveram alguns atritos e que, aos 18 anos, a filha saiu de casa logo que passou no vestibular. Elas não tinham muito contato nessa época. Diz que, além disso, Fabiana é muito reservada.

Dona Leda acha que, apesar dos novos tempos, as mães não são tão modernas a ponto de ficar sabendo da vida sexual das filhas. E conta um episódio engraçado da sua primeira vez.

Na véspera do seu casamento, Leda teve um ataque de choro, de nervoso. "Para mim era tanta surpresa. Eu vou dizer para vocês

uma coisa que vai parecer ridículo, eu não sabia que o membro do homem ficava duro." Heliana e Fabiana soltam uma risada. Leda continua: "Palavra de honra. Eu ia fazer 19 anos. Aquilo para mim foi uma coisa horrível, porque a gente namorava e não se esfregava, não se juntava. Não se tocava. Eu ficava imaginando..."
Filha e neta perguntam se ela não falava do assunto com as amigas.
"Eu me lembro de que tinha uma amiga que era mais adiantada, mais velha. Um dia ela virou para mim e falou: **'Ih, o negócio lá em casa está ruim, eu estou quase salpicando umas florezinhas roxas no meu buquê'**. Porque antigamente o buquê tinha de ser branco. Ela já estava achando o namoro dela tão adiantado que estava quase tendo de salpicar a florzinha roxa.
Mas ela diz que a amiga não chegou a contar detalhes, porque também estava assustada.

Quando perguntamos para a Fabiana se ela e a mãe nunca conversaram sobre a primeira vez, começam a aparecer mais abertamente os conflitos dessa família. Diga-se de passagem que essas mulheres foram muito honestas ao expor suas divergências com naturalidade. Fabiana se lembrava bem de duas coisas que ouvia da mãe:
"Uma era que eu não podia dar, porque não ia parar mais. Isso para ela era uma grande preocupação. Para mim, era só o início de uma vida sexual. Eu tinha medo dessa perda de controle. Isso foi uma coisa que escutei muito e que me assustou. A outra coisa que ela disse é que os homens só iam querer me comer mesmo, que eu não tinha de confiar em homem nenhum."
Fabiana acha que a mãe tinha um pouco de medo dos homens e transmitiu isso para ela. Provocou uma desconfiança, um afastamento e um medo em relação ao outro que também a deixou muito insegura nessa época. Isso aconteceu exatamente na época em que se descobre o desejo, a sexualidade. E gerou um conflito.

"Não à toa, eu só fui perder a virgindade aos 18. Acho que a minha descoberta da sexualidade e do desejo foi toda reprimida por essa família católica-romana-italiana-mineira-tradicional. No fundo, no fundo, chegou até mim. Duas gerações depois, mas chegou."

Heliana, como já vimos acontecer várias vezes, em se tratando de diferentes memórias, discorda da filha:

"Não vejo dessa forma que a Fabiana guarda. Eu não me lembro de colocar a coisa com essa gravidade, dessa maneira. Lembro-me, sim, de dizer que sexo era uma coisa muito boa e que, quando ela começasse, ia descobrir que era boa e que não ia parar mesmo."

Fabi interrompe, quase achando graça: "Nunca com esse bom humor, mãe. Era: Fabiana você não pode dar".

Heliana não se lembra de ser assim e encerra a discussão: "Acho que deve ter sido algum erro de comunicação".

Heliana fala que sua grande preocupação, na verdade, era que a filha ficasse malfalada, e acha que a neta, Nina, deve ser educada para saber o que é vulgar. Leda concorda que os valores passados para os filhos são extremamente importantes. Elas continuam discordando. Fabiana acha que vulgaridade não tem nada a ver com educação, diz que o importante é estabelecer uma relação de confiança com a filha, é isso que busca. Afinal, hoje as crianças têm muita informação, sua maior preocupação é que a filha saiba o que está fazendo.

Ao final de uma hora de conversa, salada pronta, dona Leda passa a sua última mensagem, sempre rindo muito e de fato se divertindo com a situação:

"Minha mãe tinha uma teoria. Ela dizia assim: 'Você só segura um casamento na cama'. Eu sempre segui esse conselho, nunca descuidei. E é verdade, é a melhor maneira mesmo. Eu hoje passo isso muito para as minhas amigas, quando eu vejo um casamento assim perigando, eu digo: 'Olha, cuidado, você é ótima dona de casa, você cozinha muito bem, mas não é isso que prende marido'. O que prende marido infelizmente ou felizmente é sexo, não é verdade?"

Família Rziha

"Meu nome é Nina, tenho 24 anos, acabei de fazer segunda-feira, sou aquariana, moro aqui no Rio há dois anos, sou paulista."

"Eu sou Ana, sou mãe da Nina, tenho os 24 dela mais os meus 24, sou capricorniana, moro aqui no Rio também, sou paulista, somos uma família de paulistas migrados."

"Eu sou Vera, mãe de Ana e avó de Nina, tenho 71 anos, vou fazer 72 mês que vem, mas precisa falar isso? Minha residência é em São Paulo, mas fico mais aqui no Rio do que em São Paulo, porque adoro o Rio, e sou do signo de Peixes."

Nina, Ana e Vera são, além de tudo isso que falaram, muito bonitinhas, muito simpáticas, uma família que dá vontade de embrulhar para viagem e levar para casa. Ou então ficar ouvindo elas falarem e contarem suas histórias numa tarde agradável em um café simpático no bairro do Jardim Botânico. Foi isso que fizemos.

As três nunca tinha conversado sobre o tema e estavam achando a idéia ótima. Ana esclareceu que elas já conversaram muitas vezes sobre o tema genericamente, mas não do tipo: "Mamãe, perdi a virgindade". Isso nunca rolou. Muito menos uma conversa sobre quando e como ocorreu.

Vera perdeu a virgindade no dia em que casou, aos 21 anos, em um hotel.

Ana, dos 17 para 18 anos, com um namorado da época, no banco de trás de um carro.

Nina com seu primeiro namorado. Ele também era virgem e os dois tinham 13 anos.

Vera diz que, quando ela era jovem, de uma maneira geral, as moças que não eram mais virgens não se casavam porque os rapazes diziam "umas são para divertimento, outras para casar". Ela acha isso uma hipocrisia, mas era assim que funcionava.

"Então a moça tinha de se manter num padrão de casamento se

quisesse casar, e naquela época o casamento era meta, o que hoje eu acho uma bobagem. Eu poderia ser até uma pessoa independente porque era professora, já tinha começado a lecionar e tudo, mas o ideal era casar, ter filhos, ter marido, ser feliz. Então, era o meu pensamento da época também."

Ana fala que, na época em que perdeu a virgindade, era garota muito curiosa.

"Com a minha idade, eu tinha muitas amigas que já transavam, já tinham perdido a virgindade. Tinha aquele tititi do banheiro da escola, a sensação era que eu tinha de adiantar, tirar o atraso. Esse processo, essa perda da virgindade, foi muito por conta disso, para entrar na faculdade de um jeito diferente. A sensação era que eu tinha deixado de ser a menina, aquela menina de boa família, que estudava em um bom colégio, e fui para a faculdade de arquitetura com um bando de malucos, descobri um outro universo na minha vida, foi curioso porque foi um processo mesmo, foi junto. Me sentia a mulher guerreira indo à luta, cuidando da minha vida. Depois que eu perdi a virgindade, descobri que aquele namorado era um chato, ciumento, terminei com ele."

Nina conta que, na época em que deixou de ser virgem, morava com a mãe em São Paulo, onde o pai também tinha uma casa. Os dois já eram separados. Ela, Nina, estava na casa do pai, num dia de semana à tarde, quando sabia que não ia chegar ninguém, "e foi na sala, no sofá, e a gente transou e foi ótimo, fui até tomar um banho. Depois eu estava lá, vendo televisão, e entrou meu avô em casa". Nina tinha certeza de que o avô ia "perceber" alguma coisa e ficou bem tensa. O avô entrou, coçou a cabeça dela e disse "minha netinha", a frase que dizia sempre. Quer dizer, para ele era uma garotinha, de apenas 13 anos. Ela já estava se sentindo uma jovem que perdeu a virgindade ali na sala de casa, no meio da tarde.

Nina demorou a contar para a mãe. Lembra que passaram uns meses até que um dia a mulher do pai comentou: "Quando a Nina transar ela vai contar", e ela se sentiu na obrigação de falar: "Eu já transei...".

Ana conta que só desconfiou de que a Nina tinha perdido a virgindade quando ela pediu o telefone da ginecologista da mãe. Foi essa provavelmente a maneira que a filha encontrou de contar para a mãe. Essas "estratégias", mais ou menos escancaradas, são comuns, como "esquecer" uma cartela de pílulas no sofá da sala. O fato "contar para a mãe" parece ser uma daquelas questões que não mudaram muito com o passar dos anos. Nina é um bom exemplo disso. Filha de pais liberais, teve dificuldade de "chegar e falar". Por sinal, isso não aconteceu com nenhuma de nossas entrevistadas, apesar da expectativa das mães de que isso aconteça.

Quando perguntamos o que muda depois da primeira vez, Vera respondeu que eles transavam muito para tirar o atraso. E dá uma risada deliciosa. Conta que uma vez uma amiga dela perguntou: "Vocês transam todos os dias?". E ela: "Todo dia, não, toda hora". Depois da reação de espanto da amiga, Vera ficou sem graça, achando que talvez o marido da amiga não "agüentasse tanto". E termina lamentando: "Coitadinha dela". A filha e a neta dão uma risada.

Nina acha que um ponto de passagem se define com a primeira vez. "Você nunca mais vai ser virgem, a partir de então os seus relacionamentos vão ser diferentes, você já tem aquilo em mente, você já não tem mais aquela dúvida."

E o que muda para a mãe quando a filha perde a virgindade?

Ana responde: "Independentemente da perda da virgindade, acho que tem todo esse processo de amadurecimento. A virgindade vem junto nesse processo: 'minha filha está crescendo, minha filha está virando uma moça, minha filha está envelhecendo', claro, portanto eu também estou envelhecendo. Eu de certa forma cresci com a Nina, cresci junto, aprendi a educar a Nina, ela me ajudou. Somos aqui três mulheres que viveram momentos históricos diferentes na época da virgindade, então cada uma perdeu a virgindade de um jeito que era muito pertinente à época."

Ao final da conversa agradabilíssima, queremos saber se elas também gostaram de conversar sobre isso.

Nina acha que foi uma oportunidade que elas não teriam naturalmente. Diz que até conversam bastante em casa, mas... Ana completa: "A gente fala muito mais sobre a vida, o cotidiano, os relacionamentos atuais, mas a gente não tinha conversado para descobrir como foi a experiência de cada uma, isso para a gente foi muito legal nesse sentido, a gente está aprendendo e descobrindo coisas aqui".

Vera, a doce senhora de cabeça branca, dá a palavra final: "E eu, que sou a mais velha, devia botar as duas de castigo". Elas riem.

Saímos dessa última conversa em família refletindo sobre o tempo. E, voltando às origens deste capítulo, podemos dizer que, sim, definitivamente, encontramos sensações e emoções parecidas em histórias de contextos e tempos bem diferentes. Conseguimos achar pontos em comum entre histórias de pais e filhos (como as de Tonho e Ian) e também estabelecer pontes menos óbvias que ligam mães tão diferentes quanto Heliana e Ana. A vontade que dá depois de ouvir esse povo todo é embaralhar um pouco esses sobrenomes. Levar a encantadora Nina até Praia Seca para uma conversa com seu Zé. Juntar dona Leda e Ana, ou Tonho e Heliana, ou ainda dona Vera e os meninos Ian e Cauli. Tudo isso no tempo de agora, pois, parafraseando seu Zé, a gente já chegou ao futuro.

Sexo *na* vitrine

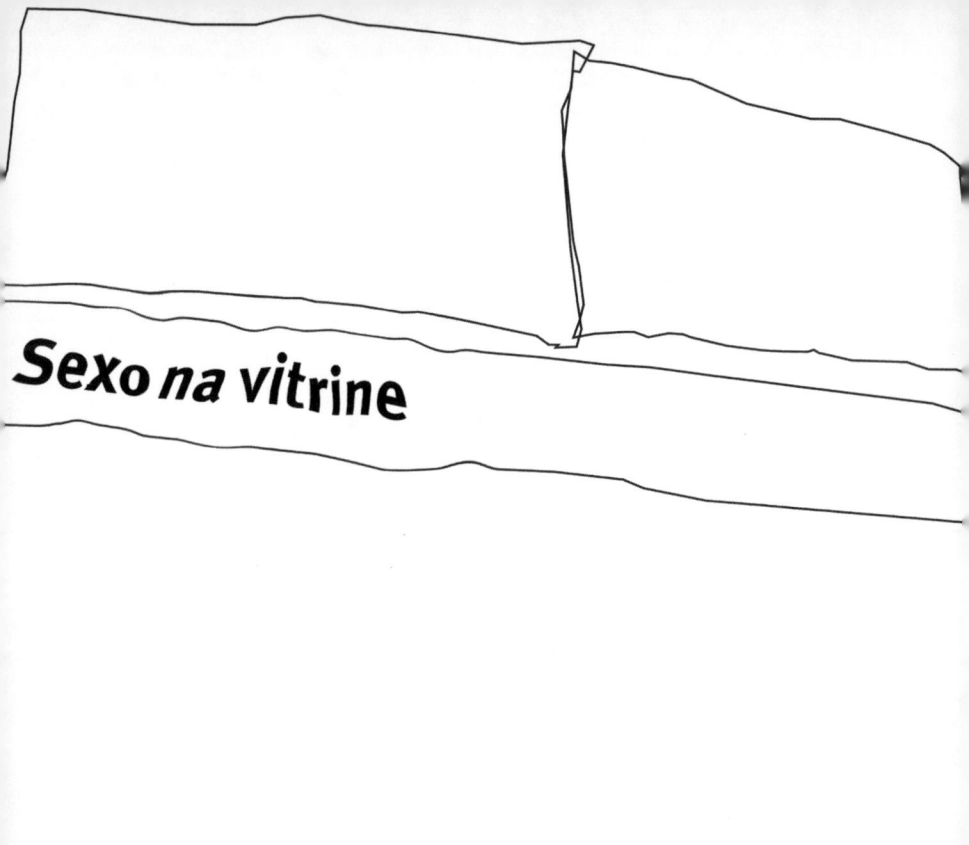

Nosso principal interesse neste capítulo era investigar como as pessoas que trabalham com sexo encaram a sua primeira vez. Foi assim que mergulhamos na indústria de filmes de entretenimento para adultos. A idéia era acompanhar a primeira vez de uma atriz em um filme pornográfico e conversar com ela também sobre como foi sua primeira experiência sexual. Tínhamos várias perguntas, muitas expectativas e, ao longo do caminho, descobrimos que muitos preconceitos também. Encontramos outros valores, outras prioridades, outros olhares que construíam o que a princípio nos pareceu um mundo paralelo. Eram de Marte, ou melhor, nós é que éramos os extraterrestres, invasores curiosos.

Aos poucos, fomos modificando um pouco nossa pauta original e abrindo a nossa cabeça-dura para novas possibilidades de entendimento do que era trabalhar profissionalmente com sexo. De início, aprendemos que a indústria pornô brasileira está concentrada em São Paulo. Durante as nossas conversas e a elaboração deste texto, foi tentador, quase irresistível, extrapolar os limites pensados *a priori* e tentar reproduzir aqui todas as coisas que estávamos aprendendo sobre o mundo pornô. Resistimos bravamente.

Assim, vamos contar aqui a história de Bianca, ou Mayara, ambos nomes "de guerra", ou artísticos, de nossa personagem. Tentamos por meio dela e de outros profissionais descobrir as dificuldades, facilidades e também as surpresas por que passam as estreantes em um set de gravação (antes e depois). Conversamos então com diretores, atores e produtores de filmes e vídeos pornográficos sobre trabalho e sexo (não necessariamente nessa ordem).

Ao final de cada entrevista, perguntamos como a pessoa perdeu a sua virgindade, como foi a sua primeira vez. As respostas, algumas bem curiosas, estão no final de cada depoimento!

O cronograma era o seguinte: primeiro gravaríamos uma entrevista com Bianca, nossa atriz estreante, em seguida acompanharíamos a moça a sua primeira cena de sexo explícito e depois conversaríamos com outras pessoas do ramo. Na manhã do esperado dia, ainda embarcando no vôo que nos levaria a São Paulo, soubemos que a atriz estava com uma virose e, para nossa decepção, a entrevista teria de ser adiada para o dia seguinte. O que fazer? O que não tem solução, solucionado está. Adiantamos outras entrevistas e guardamos nossa expectativa no bolso.

Valter José

Nossa primeira entrevista, portanto, foi com Valter José. Chegamos à casa dele ainda agitados com a mudança de planos. Valter apresentou-se para nós como produtor e diretor de filmes pornôs, entre outras coisas. Depois de fazer o dever de casa, já sabíamos o que "outras coisas" queria dizer: escritor, crítico de cinema e música, professor de filosofia e pós-doutorando em Kant, na USP. Ele nos recebeu em sua casa/produtora de maneira totalmente informal, como quem recebe o vizinho para um café. Nos primeiros cinco minutos de conversa, constatamos que Valter é o que chamamos de um "excelente personagem". Cabeça raspada, pele negra reluzente, gosta de falar e prendeu a atenção de todo mundo durante a conversa. Nosso único risco, pensamos, é ele roubar a cena. Valter José é um grande entusiasta do cinema de entretenimento para adultos. Acha que esse gênero já desenvolveu estética e linguagem próprias ainda pouco valorizadas. Seus grandes ídolos são o italiano Mario Salieri e o norte-americano John Leslie, que em sua opinião são representantes das duas principais correntes dessa linguagem. O primeiro faz filmes com história, roteiro, preocupando-se com a arte e fotografia; o segundo faz o que se chama de filme *gonzo* (onde o improviso é o que conta).

Comentamos com ele sobre a virose de Bianca e o cancelamento da entrevista. Valter riu da nossa ingenuidade. Disse que isso era muito comum com meninas estreantes e tinha até nome gringo: *stage fright* (medo de palco). Para nossa agonia, falou que às vezes elas somem de vez. "Normalmente a menina que nunca fez cena recebe uma série de pressões, é uma amiga, o medo dos pais, tudo isso causa nela certo medo das conseqüências da cena. Isso é o que leva a garota, de repente, na véspera ou meia hora antes dizer que não vai fazer." Isso já tinha acontecido com ele várias vezes, claro. Só nos restava torcer para que não fosse o caso da nossa Bianca.

Valter sabe dos temores de uma menina que está começando, então, como diretor e produtor, já desenvolveu suas próprias estratégias. Diz que para ele a escolha do ator é fundamental. Ele tem dois ou três em quem confia e explica por quê.

"A menina sempre pergunta antes se o ator é bonito e se o ator é educado. Se é bonito não me interessa, mas se é educado é importante, é como a cena vai se encaminhar. E, dependendo da cena, a menina se solta. A pessoa que está assistindo, sabendo que aquela menina está iniciando em cena, vai gostar de assistir."

O diretor e filósofo faz questão de sempre conversar com a garota antes para saber de que ela gosta. "Tem meninas que falam

assim: 'eu gosto que o cara puxe o cabelo, mas não muito forte'. OK. 'Eu não gosto que o cara fique babando em mim'. Tem essas coisas. 'De vez em quando eu gosto que o cara me xingue um pouco'. Aí você já fala para o ator, é isso."
Outra técnica é tentar fazer apenas a cena da estreante naquele dia de gravação, "para ela se sentir no céu". Vamos entendendo que tudo isso faz parte de uma estratégia para deixar a menina confortável e confiante. A visão do todo, diz, pode assustar.
"Geralmente as produtoras fazem mais de uma cena por dia. Então chega ao *set* tem quatro caras, cinco meninas. Ela se assusta quando vê todo aquele aparato. É igual à pessoa que vai ao teatro, a primeira vez, vê os cabos, vê a coxia, aquele teatro enorme. É como um jogador que estréia aos 17 anos em um Santos e Corinthians, estádio cheio. Só o Robinho."
Outra opção é sempre deixar alguém de sobreaviso, uma "opção chuva", caso haja desistência, assim a produção não perde o dia. Valter estava nos dando informações importantes e, sem saber, nos deixava cada vez mais apreensivos. Isso porque a gente não tinha plano B, era Bianca ou Bianca. A nosso favor, lembramos que a produtora ia gravar apenas a cena dela no dia seguinte, seria um *set* tranqüilo.
Por fim, Valter nos dá mais uma lição. Com uma estreante, não se pode ter pressa. Ele gosta de deixar a garota bem à vontade, demorando o tempo que quiser para experimentar a *lingerie*, para tomar banho. Tudo com muita calma. Valter só começa a rodar cena quando a garota está pronta. Todo esse investimento faz mais sentido ainda quando se sabe que a garota estreante geralmente também é a garota da capa, a que vende a fita, a que interessa. Além disso, uma atriz acaba levando outras estreantes para a indústria, amigas, primas. Depois constatamos a veracidade dessa informação: todas as atrizes com quem conversamos chegaram à indústria pornô por intermédio de uma amiga ou conhecida.

"Tanto na primeira relação sexual quanto na primeira cena, para dar certo tem de ter um clima de calma e compreensão, sem afobamento. Por exemplo, uma coisa que é difícil no pornô é a cena de sexo anal. Tem de ir bem tranqüilo. Eu gosto das atrizes bonitas e que se empenham na cena, ajudam o diretor. Para mim, a atriz que é boa no sexo anal é o máximo."

De fato. Valter foi apenas o primeiro entrevistado a ressaltar o que todos os outros confirmaram. O sexo anal é o grande *must* da indústria pornô. Os homens, ainda os grandes produtores e consumidores desse gênero, têm fascínio pelo "tema".

Apesar de deixar claro que filosofia tem pouco a ver com pornografia, o lado filósofo de Valter aparece de vez em quando. Como, por exemplo, quando fala da origem da pornografia, no século XVIII, das primeiras produções literárias na época do Iluminismo, Era da Razão e da preocupação em descobrir mais sobre tudo que dizia respeito ao homem, incluindo o sexo. Depois, mestre Valter comenta os primeiros filmes, já na década de 1970, que para ele teriam um sentido político, já que sua produção estava intimamente ligada à questão da libertação sexual. Para ele, a separação que fazemos em nossa cultura entre erotismo e pornografia, o que se vê e o que não se vê, é uma separação estúpida, uma diferença metonímica. As produções culturais são, para Valter, objetos de repressão do sexo. "Então as pessoas falam 'eu faço nu artístico, não faço pornografia'. Quando os caras vão pegar as fotos, se masturbar, eles não querem saber se aquela foto é nu artístico ou não. A diferença entre erotismo e pornografia está na dimensão da hipocrisia. É uma questão cultural, e a hipocrisia é uma estratégia de discurso." Para ele não importa qual é a revista, não importa se é carnaval, se alguém está expondo o corpo de forma sensual, dá tudo no mesmo. A diferença é que, dependendo do lugar onde isso acontece, se cobra mais ou menos pelo trabalho (e o olhar "de fora" oscila na mesma proporção). Não por acaso, o professor carismático nos faz refletir.

Para Valter, as pessoas têm dificuldade de falar sobre sexo, e por isso recorrem não ao silêncio, mas à tagarelice. ele tem uma opinião clara sobre a forma como geralmente o tema sexo é tratado na TV: de forma sensacionalista. Nesse sentido, ele é um crítico feroz dos programas de auditório nos quais a ignorância é revestida com um discurso pronto e, pior, com a chancela da "pseudociência", de "especialistas". Acha que isso sem dúvida atrapalha a experiência sexual individual, porque os desavisados absorvem os argumentos "imbecis" da televisão. Por ele os programas de auditório poderiam ser implodidos, mantendo-se somente os "desfiles de *lingerie*", que Valter adora.

E como foi a primeira relação sexual de Valter José? O jovem senhor se surpreende e acha graça na pergunta. Olha em volta, para garantir que a mãe não está por perto e conta. **A sua primeira vez foi no 69, na rua dos Andradas, em São Paulo.** Era um prédio famoso, onde as mulheres ficavam na escada e davam asas à imaginação de homens de todas as idades. Valter tinha 14 anos e era contínuo, nesse dia guardou todas as gorjetas. Valter diz que não foi só ele, "muita gente de São Paulo também começou lá". O lugar ainda existe e, segundo Valter, é um monumento à sexualidade paulista e devia ser tratado como tal. No final, diz que espera sinceramente que a revitalização do centro não acabe com o seu 69.

Ao final da entrevista, a mãe de Valter aparece. Ela fez uma gelatina e nos oferece um pouco. Recusamos, pois tínhamos pressa. O tempo tinha voado, coisa comum de acontecer quando se conversa com gente interessante. Agora, Lopan nos esperava.

Lopan

Lopan era o ator que iria contracenar com Bianca na cena que veríamos no dia seguinte, se ela realmente aparecesse, é claro. Era moreno, fortinho, muito simpático e desabridamente sincero. A entrevista foi no escritório da baixinha arretada Irani, produtora de elenco.

Lopan, nome de guerra inventado pelo próprio, se apresenta dizendo que já é ator pornô há quatro anos, e faz questão de avisar que só faz filmes heterossexuais. Antes de ser ator pornô, Lopan foi servente, trabalhou em obra e operou máquinas em uma confecção. Seu sonho sempre foi ser ator pornô, ele adorava assistir aos filmes e já conhecia todos os intérpretes antes de entrar para o ramo. Fuçou daqui e dali até que um amigo finalmente o indicou para um trabalho.

Lopan não tem idéia de quantos filmes já vez. Faz em média duas cenas por dia e cada cena entra em um filme diferente.

"A minha primeira vez no set foi uma cena muito difícil, era uma garota e 16 caras." A cena era uma "masturbação coletiva" e o ápice era quando todos ejaculavam no rosto da atriz, ou pelo menos essa era a idéia. Lopan começa a rir, pede desculpas, mas explica que fazer a cena foi realmente hilário. A direção era do nosso amigo Valter José, a quem Lopan tem em grande estima. "Dezesseis caras, muitos brochavam, era muito engraçado. Imagina 16 homens pelados, um atrás do outro, com a mão para o outro não encostar. Uma situação, você não imagina! O primeiro filme logo com 16!"

Lopan explicou outro detalhe: quem brochasse não receberia o cachê no final. "Tinha muita competição, ninguém era profissional." Como ele estava "indo muito bem", o rapaz do lado, com um pouco mais de dificuldades, ficava "botando olho gordo", olhando com uma inveja danada. Lopan explica que isso é comum. "Você tem de ter uma boa concentração."

Lopan teve uma excelente concentração, conseguiu se manter firme e forte! "Mandei bem nesse primeiro filme e daí apareceram outras oportunidades. Porque para o homem é muito difícil entrar no mercado pornô." Ficamos imaginando que nesse ramo, mais do que em qualquer outro, mandar bem de primeira é fundamental. Ao mesmo tempo em que existe uma grande rotatividade de atrizes, há uma fidelidade de diretores e produtores aos atores. Cada um tem uma pequena lista de "confiáveis" que leva consigo para qualquer produção. É fácil arriscar o porquê. Se um ator não funciona, o dia de produção está inteiramente perdido. Não tem jeito. As produtoras preferem não se arriscar.

Dino Miranda, um veterano que já está há 11 anos no mercado, conta que entrou para o pornô justamente por causa de uma brochada alheia. Dino se orgulha em dizer que, quando começou, não havia no mercado nenhum desses remédios que hoje ajudam o intérprete.

Dino era taxista de confiança das meninas que trabalhavam em boates, e uma vez foi levar uma atriz pornô ao *set* de gravação. Quando chegou lá, soube do imprevisto: o ator não funcionou. A equipe estava utilizando a luz natural e não daria tempo de chamar outro ator. O produtor foi quem teve a idéia de "chamar o taxista". "O cara perguntou, 'você consegue?'." O fato de estar fazendo sexo pela primeira vez na frente de uma equipe de gravação o intimidou o suficiente para que ele não conseguisse ejacular, mas ainda assim manteve a ereção. Traduzindo, Dino foi um sucesso e desde aquele dia nunca mais parou.

Já aprendemos a não falar em termos de filmes e sim em termos de cenas, já que um filme pode ter várias cenas. Dino acha que já fez umas setecentas e poucas nessa última década dedicada ao pornô. "Eu junto o útil ao agradável. Teve uma vez que vi uma entrevista com o Ronaldinho Gaúcho, perguntaram como ele faz para jogar. Ele falou que entra no campo e se diverte. Comigo é a mesma coisa. Eu tenho prazer em fazer filme."

Para Lopan, a primeira vez de verdade não foi a sua estréia em *Bukaka*, o filme dos 16 caras se masturbando. Há três anos ele fez uma cena para Valter José que considera um marco importante em sua carreira. Foi dessa vez que ele teve certeza de seu talento para a coisa. Ele estava com medo porque seria sua primeira cena DP. Não querendo revelar nossa ignorância, não perguntamos o que era DP. Vendo nossa cara de paisagem, Lopan deve ter percebido: DP, explicou, é dupla penetração. A cena durou seis horas e a equipe já estava muito estressada, coisa normal, segundo ele. "Eu tinha de fazer cinco posições de anal na Lucy, cinco posições de anal na Perla. Cinco posições de vaginal na Lucy e cinco posições de vaginal na Perla. Eu tinha de fazer três posições de DP na Lucy... Tudo que tinha de fazer com uma, tinha de fazer na outra. E pára, foto, vai, e você sua, seca, dá vontade de ejacular e você segura." Ele estava com medo de não conseguir fazer a cena, compreende-se. Mas no final do dia, depois de tanto esforço, ele provou que estava pronto para qualquer filme. Foi aí que sua carreira realmente decolou!

Lopan diz que, apesar da experiência acumulada, ainda fica nervoso em todas as cenas que faz. "Pode ter feito quantas for: cada dia é um dia, o ser humano é de carne e osso. Tem dia em que você não está bem, mas você tem de ir lá atuar. Você não sabe quem é a atriz. Mas você tem de ir lá e fazer." Dino concorda: **"O set de gravação pode se tornar muito prazeroso ou muito cansativo. E isso depende muito da garota. Não é apertar um botão e vamos lá"**. Lopan fala que não é como fazer em casa. "Não é só você penetrar. Você tem de penetrar, dar abertura, a atriz tem de olhar não para a câmera, mas para a penetração. É muito incômodo." Além de tudo isso, o cara experiente ainda tem de se preocupar com detalhes, como não fazer sombra na sua parceira.

Dino gosta das estreantes porque elas não prestam muita atenção na câmera. As garotas mais antigas são muito profissionais, já têm as manhas. Quando está trocando a fita da câmera, por exemplo, a veterana pára imediatamente. A novata nem liga. Para ele isso é bom, já que maioria dos diretores gostam de coisas bem naturais. "Me dá ângulo e deixa rolar."

Lopan também já fez vários filmes com estreantes. "Algumas mandam bem, com outras, tem de ter mais paciência. Tem meninas que choram, passam mal, cai a pressão, a menstruação desce com o nervosismo. É uma caixinha de surpresas. Mas há estreantes que mandam melhor que veteranas." Perguntamos qual dica ele daria para alguém que está começando hoje. "Para homem não tem dica. Ou vai ou racha. Mulher é o seguinte: relaxa. Pega uma intimidade com o ator antes, bate um lero com ele antes. Fala para ele o que você não suporta que faça, conversa com ele o que você prefere que faça, qual é a forma, e na hora que estiver na posição, agüenta o máximo. Se você ficar cortando, vai ter de voltar de novo." Mais uma vez lembramos de Bianca. E pensamos que, se ela não aparecesse, a gente iria compreender.

Ao final da entrevista, perguntamos como foi a primeira vez de Lopan. "Foi com uma pessoa mais velha. Eu tinha 12 anos, ela, uns 33. Rolou e foi rolando durante muito tempo. Foi ali que eu aprendi a atuar. Foi ali que aprendi. Olhando assim agora, a resistência veio dali. Foi muito bom." Deixamos Lopan lá, envolvido com suas lembranças.

Já Dino não lembra como foi a sua primeira vez. **"Depois de setecentas cenas gravadas, já perdi o número de quantas mulheres eu já tive, para eu lembrar da primeira.** Não lembro."

Célia

Célia de Luna, o "Luna" por causa da Lua, que ela adora, foi nosso primeiro grande contato na indústria pornô. Ela é produtora de elenco, no passado atuou em alguns poucos filmes de sexo explícito, principalmente para o mercado externo, e é também diretora eventual. De aparência bem cuidada e sotaque carregado do interior de São Paulo, ela marcou de encontrar conosco em seu amplo escritório decorado com flores, santinhos, incensos, espelhos, altares e todo tipo de proteção espiritual. Em cima de sua mesa estilo *big boss*, com *laptop* e pilhas de material, tinha também um livro da Bruna Surfistinha, a famosa garota de programa. Célia disse que o livro estava circulando por ali, que as garotas leram, e que acabou tendo interesse. Fez logo sua crítica: disse que o livro tem muitas lacunas, informações truncadas, problemas de que ela pretende dar conta no livro que ela própria já escreve e pretende lançar um dia, um projeto futuro.

Célia é uma pessoa cheia de projetos: além do livro, pensa também em um dia tentar carreira no exterior. Decidida, esperta, segura, dá para sentir que Célia é muito obstinada e dura na queda. Sua grande bandeira do momento é a regulamentação do setor de filmes de entretenimento para adultos, luta por sindicatos, por mais cuidados com a saúde dos atores e atrizes, fiscalização, legislação específica. Enfim, quer mais profissionalismo.

Célia era também a produtora de elenco e a diretora da cena da estreante Bianca, que, se tudo desse certo, acompanharíamos no dia seguinte.

Para Célia, a boa atriz pornô tem de transmitir sensualidade, desejo, tesão. **Tem de parecer que a garota está fazendo sexo porque gosta, e não exclusivamente pelo cachê.** Ela reclama um pouco da escolha dos atores, acha que deveria haver uma preocupação maior com estética e diversidade. Mas admite que é complicado marcar com um *set* de gravação e o cara não funcionar, confirmando o que já sabíamos. É um mercado fechado. Célia dá também detalhes técnicos, como a exigência de que o pênis em ereção atinja o mínimo de 19 centímetros, sendo o ideal 21. Realmente, não é qualquer que pode se tornar um Dino ou um Lopan da noite para o dia.

No Brasil, a maioria das garotas que fazem filme pornô tem entre 18 e 25 anos. Célia garante que lá fora não é assim. "É muito curta aqui no Brasil a vida útil da atriz. Então a gente tem de estar sempre com elencos diferentes. Eu tenho dee estar sempre correndo atrás de meninas diferentes. A gente muitas vezes faz seleção, põe no jornal, põe na TV, e aparecem pouquíssimas que dá para aproveitar. Às vezes aparecem trinta meninas e você consegue tirar duas. Os produtores estão ficando mais exigentes." Ou seja, as meninas estão sempre mudando, os caras estão sempre por aí.

Ela fala também que é muito mais difícil conseguir trabalho para mulatas e negras em filmes brasileiros, e que isso vai na contramão do que os estrangeiros procuram quando rodam suas produções no país. Para comprovar o que diz, Célia aconselha uma ida à locadora mais próxima para olhar as capas das produções nacionais. Perguntamos então como é feita a seleção de elenco de um filme.

A coisa funciona assim: Célia envia as fotos das garotas para o produtor, e é ele que escolhe quais farão as cenas. A atriz tem a prerrogativa de aceitar ou não contracenar com determinado ator. Ela pode falar "com fulano, eu não gravo". Geralmente uma produtora grava cinco, seis cenas no mesmo dia, então é simples fazer a adaptação. Perguntamos sobre Bianca, que se tudo desse certo seria a nossa "garota da capa".

Bianca chegou até Célia por meio de uma seleção de elenco. Célia a descreve como uma pessoa de traços delicados, bonita, que não aparenta os 20 anos que tem. Por precaução, ela até checou os documentos da moça junto à polícia para ter certeza de que se tratava de uma maior de idade. Célia diz que essa verificação é comum para não ter problemas.

Célia corrobora o lugar-comum: é muito freqüente acontecerem imprevistos com estreantes. "Ela desiste na hora H, fica com medo,

Ou ela também não acorda. Trabalha na noite muitas vezes em boates, entendeu? É muito nova, então não tem responsabilidade."

Tentando se precaver, Célia sempre passa a aspirante a atriz por uma sabatina. "Eu sempre falo para a menina: 'Você tem certeza de que é isso que quer fazer? Tem certeza de que não vai se arrepender? Porque sua imagem vai ficar cinco anos no mínimo no mercado'. Geralmente essas garotas são da noite, então eu não estou barbarizando ninguém, botando no pornô uma pessoa que não é da vida. Noventa e nove por cento são de boates, fazem programa. Trabalham na Augusta, em casa, em clínicas. Complementam a renda nos filmes que pagam um pouco melhor. Mas eu acho que eu tenho de perguntar isso. Porque, se ela é bonita, ela vai ser capa."

Faz sentido. Se a rotatividade do mercado é tão grande quanto todos falam, se os produtores são exigentes e o cachês, baixos, é de esperar que o elenco dos filmes de entretenimento para adultos surja desse mercado.

Célia fala que a maioria das meninas está passando por problemas financeiros, e nossa Bianca não é uma exceção.

"Ela me falou que tem namorado, o namorado não sabe. Mas que ela está precisando muito e que vai fazer, sim. E, se acontecer de o namorado descobrir, ou ele a perdoa ou eles terminam. Se ele não gostar verdadeiramente dela, ele vai terminar com ela, mas a vida dela vai continuar e ela vai entrar. Pelo menos foi o que ela me falou. Vamos ver se amanhã ela aparece."

Célia concorda que existe muito preconceito, e muita hipocrisia. Lembra que o filme pornô só existe porque tem mercado. Aquela velha lei da oferta e procura, Marx. Ela aponta, por exemplo, que hoje as novelas brasileiras têm um grande apelo erótico, muito porque isso dá ibope, interessa ao público. Essas novelas são exportadas para o mundo todo. A única diferença é que não é explícito, mas a nudez, os gemidos, estão lá: Em ambos os casos, estamos falando de uma cena de sexo, é o mesmo assunto, ou não?

A hipocrisia é o que alimenta o preconceito, lembramos imediatamente a máxima de Valter José.

Ao se recordar de seu primeiro filme pornô, Célia acha graça da cena sadomasoquista. Seu papel era bater no ator enquanto ele se relacionava sexualmente com outra atriz. Só que ela bateu tão forte que a cena quase não aconteceu. Célia sempre gostou de ver filmes pornográficos e, quando iniciou sua carreira de atriz, já tinha 28 anos, uma idade bem avançada para a média. Célia fazia muitas produções estrangeiras, e faz questão de frisar que nunca misturou o lado emocional com profissional. "No começo tudo era diferente, inusitado. Mas é uma coisa tão profissional que você perde um pouco o tesão pela coisa. Você vê como profissão."

Célia reclama da tendência atual de filmes *hard*, filmes em que os homens batem nas moças, puxam seus cabelos, filmes mais agressivos e com cenas mais fortes. "Eu tinha menos preconceitos, menos coisas que me chocavam antes de entrar nesse meio." Ela acha que cada vez menos se faz filmes em que o foco é a sensualidade.

Também perguntamos a Célia como foi a sua primeira vez e, claro, ela também se surpreende e tem de fazer uma pausa para pensar na resposta.

"Quando perdi minha virgindade, eu achei que era com quem eu gostava, que eu estava preparada. Mas na hora H eu vi que não estava muito preparada para o que estava acontecendo. Não me arrependi porque não me arrependo de nada do que eu faço. Mas poderia ter sido um pouco mais para a frente, eu poderia também ter conhecido melhor a pessoa. **A minha primeira vez não foi tão gostosa quanto deveria ter sido, como a gente sonha. Teve muita dor.**"

Carol

Célia nos apresentou "Carol", que conversou com a gente antes de ir à clínica de bronzeamento se preparar para seu próximo filme. Quando chegamos para entrevistá-la, Carol perguntou muito naturalmente se precisava tirar a roupa para a entrevista. Um pouco surpresa com a nossa negativa, disse: "Ah, é só para falar?".

Carol tem 18 anos, começou a fazer filmes pornôs há apenas um mês e diz que está gostando.

Perguntamos quantos filmes ela já tinha feito e a moça, com carinha de anjo, respondeu que nove. Carol tem um brilhante no nariz e outro no umbigo, veste-se de uma forma meio adolescente, mas *sexy*, tem um quê da Lolita de Nabokov. Tem cabelos lisos muito pretos e pele muito branca. Algumas espinhas discretas denunciam a tenra idade.

"Antes de entrar nesse meio, eu só estudava. Encontrei uma amiga que é garota de programa e começou a fazer filmes e me chamou." De acordo com Carol, ela estava à toa em casa quando a amiga ligou perguntando se ela queria ganhar algum dinheiro. "A primeira vez eu fiquei meio confusa, falei que não ia fazer porque isso não era para mim. Depois pensei melhor e falei 'vou fazer para ver como é que é'. E estou aí até agora gravando mais e mais."

Perguntamos então como foi essa primeira vez em cena, e Carol confessa que estava meio nervosa. Fala que o ator foi compreensivo, e que isso foi fundamental. **"Bom, ele foi carinhoso. Pedi para ele ser paciente comigo, que era meu primeiro filme.** Ele foi superbonzinho comigo. Me deu algumas dicas legais, e eu fiz o que ele me falou, gravei numa boa." Basicamente ele disse que ficasse tranqüila, sossegada, que ele iria conduzir a cena. "As atrizes me ajudaram bastante, falaram que eu ia ficar nervosa no começo, mas depois ia gravar. Eu não pensei em desistir não."

Depois de um mês e nove filmes, Carol acha que já aprendeu bastante, está mais solta. "O que eu gosto numa cena é que o ator seja carinhoso, o que é difícil. O que eu não gosto é cena *hard*, não é comigo." Se teria algum conselho para dar a uma estreante? Ficar tranqüila e deixar que o ator conduza a cena.

Para ela, a primeira vez como garota de programa foi bem mais complicada. "Porque eu não estava acostumada a fazer isso com gente que eu não conheço. Foi meio difícil, mas depois... trabalho é trabalho." Ela se lembra de uma vez em que o cliente pediu que ela fizesse um programa junto com a amiga. Foi difícil conseguir beijar a colega. "Eu prefiro fazer filme a programa, porque aí eu já conheço o ator, já converso com ele antes. Não faz isso, não bate, não cospe. Agora programa não, às vezes você pega um cara que quer bater na menina, várias outras coisas."

Carol tem namorado, e uma história em comum com Bianca: ele não sabe que ela é atriz pornô e garota de programa.

"Eu acredito que ele não vai me entender. Vai falar que já imaginava, porque eu costumo viajar para vários lugares para gravar. Minha mãe já está desconfiada, ele também. O mais importante é minha família, o namorado é segundo plano. Minha família desconfia de que eu faço programa, filme não. Vai ser uma barra. Eles vão ter de entender. Vou ter de ser corajosa, senão eles vão descobrir por outras pessoas, e eu acho melhor eu contar, mas não tenho essa coragem no momento, não tenho coragem de falar."

Nove filmes significam possíveis capas em locadoras e em bancas de jornal. Ela tem plena consciência disso. "Quando a verdade vier à tona, eu pretendo sair de casa. Porque é complicado você nascer assim numa cidade, e o pessoal olhar para você na rua e falar: 'Nossa, essa menina, eu vi ela no filme fazendo coisas que nossa, nunca imaginei'. Eu pretendo mudar de lugar, logo."

Carol já contou para alguns amigos íntimos o que está fazendo, e normalmente eles a aconselham a parar. "Mas se eu parar não vou conseguir o que eu quero, entendeu? Não vou alcançar meus objetivos trabalhando numa coisa 'normal', entre aspas. Então vou continuar fazendo. Eu quero gravar bastante, sabe, conquistar muitas coisas."

Ela nos parece uma menina ambiciosa e de certa forma ingênua; ficamos um pouco abaladas, sem saber muito o que sentir e como lidar com isso. Será que não estávamos fazendo um juízo de valor a partir do lugar completamente diferente em que estávamos?

Depois da rápida "auto-análise", concluímos que o objetivo deste trabalho, claro, não é julgar ninguém, e com a leve sensação de que talvez as ingênuas aqui sejamos nós.

Fizemos rapidamente as contas, considerando o cachê médio de um filme, e chegamos à conclusão de que no último mês Carol faturou alguns milhares de reais. "Eu não estou roubando, não estou matando ninguém, não estou vivendo da desgraça dos outros. Se eu estou fazendo mal, é para mim mesma. Sou eu quem está usando meu corpo. No momento eu estou curtindo, gostando, conhecendo gente nova. É uma experiência diferente."

A última pergunta, claro, foi sobre a sua primeira experiência sexual. "Minha primeira vez foi com 16 anos, doeu muito, não foi uma coisa legal." Carol é sincera.

Stanley

No dia seguinte, aproveitamos a manhã para visitar uma das principais produtoras e distribuidoras do mercado de filmes de entretenimento para adultos hoje.

A Buttman ocupa um prédio inteiro em Alphaville, mas eles têm também um escritório em São Paulo. Revista, *site*, TV, produtora, a Buttman de Stanley Miranda nasceu a partir da famosa Buttman norte-americana de John Stagliano, cujo nome, por sua vez, nasceu do personagem que encarna como diretor.

Assim que chegamos fomos recebidos por uma turma divertida. Stanley até nos contou rindo que seu braço direito, Marcelo, já foi assistente de palco/dançarino de Mara Maravilha, e assim vai apresentando todo mundo da produtora. Até então o mundo pornô nos tinha causado impressões muito contraditórias. Se por um lado existe muito bom humor, desprendimento, pessoas surpreendentes, por outro há certa dimensão que nos abalava, era impossível ficar indiferente àquelas histórias.

Stanley Miranda é pai de sete filhas, de dois casamentos diferentes. É formado em comércio exterior, e trabalhava em uma importadora de peças de caminhão antes de dedicar-se à indústria pornô. Um dia um amigo perguntou se ele poderia servir de tradutor para uma equipe que vinha gravar no Brasil, já que falava inglês muito bem, pois morou um ano e meio nos Estados Unidos. Ele topou na hora e acabou virando distribuidor dos filmes da Buttman no país. As coisas estavam indo muito bem e John Stagliano ficou muito interessado em abrir uma empresa no Brasil. Stanley foi escolhido para ser o sócio.

Apesar de nunca ter imaginado trabalhar com isso, Stanley sempre gostou de filmes pornográficos. "O dia em que meu sócio me apresentou a Nina Hartley e ela me cumprimentou, me abraçou — 'Oh, Stanley' —, eu tremia que nem criança! Nossa, eu vi essa mulher um milhão de vezes e a estava abraçando..."

Stanley foi para os Estados Unidos fazer curso de cinema na New York Academy, na Universidade de Los Angeles e, mesmo lá, quando dizia que fazia filme pornô, as pessoas torciam o nariz. Logo depois vinha a curiosidade, todos queriam saber como eram as produções. Por isso, explica, sempre que perguntavam o que fazia, gostava de começar o papo dizendo que fazia filmes educativos. Se o sujeito insistia em saber mais, ele dizia que era relacionado a sexo, até explicar que eram filmes pornôs mesmo. Mas a escola de Stanley também foi prática, já que trabalhou com alguns dos melhores diretores do mundo no gênero. Além de seu sócio, John Stagliano, Stanley aprendeu com John Lesley, Joey Silvera, Rocco Siffredi, entre outros.

"Para ser um bom diretor de filme pornô ou vídeo, você tem de gostar do que faz. Você tem que gostar de sexo."

Quando perguntam se ele não acha errado filmar sexo, Stanley tem uma resposta na ponta da língua, que na verdade é outra pergunta: "Você não acha errado filmar a guerra? **No vídeo pornô hoje, a gente expressa só as fantasias das pessoas.** Elas não precisam necessariamente fazer aquilo. Por isso tem tanta variedade."

Stanley se lembra do desastre que foi dirigir sua primeira cena. Era uma cena externa num bosque. A luz natural estava maravilhosa, mas, como a cena demorou muito, no final ele teve de iluminar com uma luz de mão. Ele tem vergonha até hoje de ver esse primeiro filme. Mas acha que é importante voltar atrás e ver o que aprendeu com os erros. Seu sócio e mentor John Stagliano também comentava suas primeiras cenas e ensinava alguns preceitos básicos, como enquadrar, por exemplo. No começo da Buttman, há mais de uma década, Stanley era responsável pela produção, direção, fotografia e alimentação do elenco e equipe. Bem diferente da estrutura que a empresa tem hoje no Brasil.

A Buttman hoje lança de três a quatro filmes nacionais por mês. Cada filme tem aproximadamente seis garotas, geralmente mais da metade são novatas. Ou seja, só nessa produtora, são, no mínimo, dez garotas estreando todo mês.

"Qualquer garota que chega hoje para trabalhar, você faz uma entrevista com ela e pergunta: 'O que você faz?'. Ela já vem armada para falar: 'Eu faço tudo'. 'O que é tudo?' 'Transo com dois caras, faço sexo anal, faço dupla penetração, transo com mulher, travesti.' Elas vêm e falam isso." Para Stanley, o importante é tentar descobrir do que a garota realmente gosta. Sem exceção, todas falam que fazem sexo anal porque isso vende, é muito comercial, como já descobrimos lá no começo. Mas Stanley acha que, se a mulher é bonita, sensual, não precisa necessariamente fazer sexo anal. Acha até legal ela não fazer, cria certa expectativa, pois o público vai aguardar com ansiedade o filme em que isso aconteça. Conclusão: mesmo que seja pela falta, o sexo anal é o mais importante.

Stanley acha que, quando se força alguém a fazer o que não gosta, a cena fica ruim, dá para perceber que a atriz ou ator não está gostando. Sua regra básica é a seguinte, quanto mais natural, melhor. Isso porque Stanley acha que o espectador sempre se transporta para a cena e se imagina vivendo aquela situação. "Eu sempre falo: só faça o que quer fazer. Você não é obrigada a fazer nada." Ele gosta de dirigir uma pessoa que está começando e buscar sensualidade. Acha muito bom quando as garotas sentem prazer. Se é muito mecânico, ele não gosta, até desliga a câmera. "O desafio do diretor pornô é exatamente isso: deixar que as pessoas que estão trabalhando fiquem o mais confortáveis possível." Por isso Stanley gosta de trabalhar com um número pequeno de pessoas no *set*, ele acha que muita gente pode distrair o olhar dos intérpretes.

O filme pornô, ensina, sempre vai ser o que o *cameraman* vê. "O importante é isso: é ver beleza, ver excitação. Porque às vezes as pessoas falam: 'Você não se excita quando está filmando?'. Lógico. Graças a Deus eu me excito. Porque, se eu me excitar, é porque a cena está boa. Eu vou ficar mais tempo ali. Lógico que tem coisas que são montadas realmente. A gente sabe que tem de parar porque as penetrações anais são todas preparadas. As meninas estão com lavagem, preparadas, com lubrificantes. Estão lá para fazer isso."

Na opinião dele, Bianca tem de relaxar e, quando falar com o ator durante a cena, falar naturalmente. Mesmo que seja para dizer o que não gosta, se está doendo, e principalmente para dizer o que está achando bom. Se ela falar e o ator não entender, então ela tem de parar a gravação. Stanley improvisa um diálogo, como se Bianca estivesse ali, na sua frente: "Fala mesmo, sem cochichar. Esquece a câmera, fala para o cara".

Perguntamos se ele gosta de trabalhar com estreantes. "Eu particularmente gosto, porque você vai moldar. O perigo são os homens. Muitas pessoas escrevem: 'Olha, eu já transei com vinte, fiz suruba, fiz isso, fiz aquilo'. Eu quero saber na hora em que ligar a câmera, muda completamente e o cara não consegue ficar ereto e tem necessidade disso. As pessoas reclamam: 'Por que só esse ator?'. Porque tem experiência, e ninguém quer arriscar."

Sobre as garotas ele diz que existe uma vontade enorme no mercado de ver constantemente meninas novas, mas lembra que existem atrizes experientes que têm até fã-clube. Stanley é um profundo admirador dessas profissionais.

"Sexo é bom, é normal, não tem ninguém que não faça, entendeu? E eu admiro demais, admiro os homens, mas principalmente as mulheres que trabalham nesse ramo, porque eu sei o preconceito enorme por que elas passam. Acho que a gente tem de sentir orgulho delas e respeitá-las muito." Stanley acha ridícula, por exemplo, a diferenciação que se faz entre algumas atrizes que começam a fazer filmes pornôs e garotas de programa que fazem filmes pornôs. Até porque ele não tem nada contra a prostituição, nem acha que seja algo pejorativo. Stanley sabe que vivemos num país católico e que isso reforça o preconceito, mas trabalhar no mercado de filmes e vídeos pornográficos é um trabalho normal em qualquer lugar do mundo. Stanley então, como Célia, critica a falta de legislação específica e a falta de união da classe.

Minha primeira vez? Stanley dá uma risada. **Perdeu a virgindade com uma mulher bem mais velha, uma profissional. Para ele, foi uma experiência maravilhosa.** Stanley fica emocionado em lembrar essa experiência e se surpreende quando se dá conta de que essa mulher não deve nem estar mais viva.

Após a entrevista, Stanley e sua equipe divertida nos convidam para assistir ao *making of* de sua última produção, um especial temático sobre o carnaval com direito a figuração de luxo da bateria da Gaviões da Fiel, além de samba-enredo exclusivo. "Olha a Buttman aí, gente!" No vídeo que mostra os bastidores da gravação, um dos atores faz as vezes de apresentador e vai entrevistando as meninas. Mais uma vez para nós, as brincadeiras surpreendem um pouco, temos sempre de lembrar o nosso olhar de extraterrestres visitantes. São beijinhos enviados pelo esfíncter pilórico de uma, o aperto no novo silicone da outra, a promessa de sexo anal que não aconteceu na última cena feita juntos, a demonstração de que a fantasia está deixando o clitóris de fora, enfim, de uma hora para outra nos sentimos praticamente virgens. O curioso é ver como aquelas pessoas diante da câmera estão à vontade com seus corpos, seus pêlos, seus orifícios. E, para nossa surpresa, quem é que vemos ali? A nossa Carol! Esse foi um dos nove filmes que ela fez esse mês.

Bianca

Chegamos ao motel e, logo na entrada, certo constrangimento. Vamos todos para a suíte 65. Abrimos a porta e damos de cara com alguns de nossos conhecidos, entre eles Célia e Lopan. Além deles, o fotógrafo da "capa" e a equipe de gravação da cena, que organizava o *set* de forma profissional e indiferente. Sentado ao lado da namorada, com quem também grava eventuais cenas pornôs, Lopan se masturbava vendo um filme erótico na TV. Tudo muito natural. Todas as televisões da suíte estavam sintonizadas em filmes pornôs, enquanto trabalhava a equipe fazia um ou outro comentário. Chegamos e cumprimentamos a todos, incluindo Lopan, com sorrisos e "ois". Queríamos ser simpáticas e, sobretudo, parecer muito à vontade no nosso primeiro *set* pornô. Uma pessoa da nossa equipe entrou um pouco depois e, gentilmente, estendeu a mão e apertou a do autor. Na saída, nosso amigo ficou absolutamente desolado quando lhe contamos onde aquela mão estivera alguns segundos antes.

Enfim, acidentes à parte, onde estava Bianca?

Foi aí que reparamos na menina de calça *jeans* e jaqueta branca, sentada na mesa tomando um suco de laranja logo ali ao lado.

Loirinha, de rosto redondo, olhos azuis transparentes e voz doce de moça tímida, a menina esclareceu que seu nome não será mais Mayara, e sim Bianca.

"Sou a Bianca, tenho 20 anos. É isso."

Não era só isso. Bianca no momento está fazendo um cursinho para tentar entrar na faculdade. Também trabalha como garota de programa e mora sozinha. Ela levanta um pouco a sobrancelha esquerda quando fala, é muito charmosa. E ganha a nossa simpatia, imediatamente.

"Quando perdi a virgindade, eu tinha 16 anos."

Ela está claramente ansiosa, a equipe de gravação da cena pornô, irrequieta para começar logo, e nós, em outro clima, tentando conseguir um pouco de sossego para conversar melhor com a moça. Pedimos um pouco de silêncio com a promessa de que não vamos demorar muito.

A primeira vez de Bianca foi com o namorado. Já estavam juntos havia oito meses e apaixonados. Como ela era aos 16 anos, quatro anos atrás? "Com 16 anos, imaginava que a vida era completamente diferente do que é hoje. Achava que a vida era mais fácil, que tudo era um conto de fadas." Bianca sorri triste: "Gostava de me trancar no quarto, ficar sozinha, escrevendo cartas para ele, meu namorado. Gostava de ficar no telefone. Ignorar tudo que os mais velhos dissessem. Bem rebelde eu era."

Antes de seu primeiro namorado, Bianca não costumava pensar muito em sexo, até fugia desse assunto. Hoje ela considera que era por medo, uma forma de defesa. "Eu tinha medo de pensar nessas coisas. Pensar em sexo, como seria. Por achar que estava pensando numa coisa errada, achar que estava fazendo uma coisa errada. Era por causa disso." Mas, quando Bianca viu que as coisas estavam esquentando depois de oito meses de namoro, foi ela quem organizou tudo: "Horário, jeito, posição. Estranho, mas foi assim. Foi tudo combinado duas semanas antes. A gente combinou que ia para a casa de um amigo dele. Até a roupa que a gente estaria a gente combinou. Eu lembro que na época passava o seriado de Sandy e Júnior. Foi passando o seriado na televisão."

Na noite anterior ao dia combinado, Bianca não tinha conseguido dormir pensando em como seria o dia seguinte. "Fiquei só pensando como eu faria, como eu me sentiria, sabe? Essas coisas de ficar, se sentir feia, se sentir bonita, assim. Isso que eu pensei, isso que passava pela minha cabeça. Se ele ia gostar, se não ia, como ia ser." Mas, nervosismo mesmo, ela só sentiu na hora: **"Fiquei com um frio na barriga assim, antes de acontecer."** Bianca acha que foi mais difícil para o namorado do que para ela, as muitas preliminares a deixaram bem tranqüila. "Ele sentiu dor, teve que parar. Eu, não." E ela abre um sorriso ao recordar de um detalhe importantíssimo: **"Era a primeira vez dele também"**.

Bianca e seu namorado não dormiram juntos depois, cada um foi para sua casa. "O engraçado foi que eu cheguei à minha casa e minha avó percebeu."

Bianca lembra palavra por palavra do diálogo com a avó e também que negou até o fim. "O assunto sexo na casa da minha avó não acontecia." Bianca não vê os pais há nove anos, nem tem contato com eles, na época sua família se resumia à avó e aos dois irmãos mais novos.

Na escola é que o assunto sexo pegava fogo.

"É que eu conversava com as minhas amigas, a gente trocava idéias.

Para a gente era regra usar camisinha. Nossa, tem de usar, tem de usar. É superperigoso. Medo de ficar grávida era o maior que existia. Pelo menos para a gente." E foi apenas para as melhores amigas que ela contou, no dia seguinte, que passou da teoria para a prática. "Eu cheguei eufórica, pulando: 'Vocês não sabem o que aconteceu!'."

Bianca foi a primeira das amigas a perder a virgindade, então imediatamente virou o assunto principal do dia. Perguntavam se tinha doído, queriam saber onde foi, como foi, tudo nos mínimos detalhes. "O assunto durou, viu? Dentro da aula, na hora do intervalo, a gente ficou até na hora da saída conversando sobre esse assunto! Muito e muito tempo. Perdemos praticamente todas as aulas, com os professores chamando a nossa atenção." Bianca está claramente mais relaxada e nós também.

"Fiquei muito feliz, fiquei pensando naquilo uma semana seguida. Que realmente tinha acontecido o que eu tanto esperava. Para mim foi ótimo. Alcançou as minhas expectativas, na minha primeira vez."

O romance continuou e a vida sexual também, só que em segredo. Três vezes por semana o namorado esperava os pais dormirem para sair de casa, geralmente de madrugada. Quando a avó adormecia, Bianca fazia um sinal para ele e corria até o portão. Abria bem devagarzinho, deixando o rapaz, que já aguardava ansioso, entrar. Os dois subiam para seu quarto e lá ficavam até umas quatro da manhã, já que a avó sempre acordava às cinco em ponto.

Tudo estava florido na vida de Bianca, que vivia uma linda e típica história de amor adolescente, até que a avó descobriu o que para ela era o pior dos pesadelos: sua neta já tinha relações sexuais com o namorado.

"Um belo dia, minha avó pegou ele descendo as escadas lá de casa. Aí foi uma loucura. Ela me trancou no quarto do meu irmão, trancou ele no meu quarto. Esperou amanhecer, e chamou a mãe dele em casa. Chamou os pais dele, rolou 'ou casa ou separa'. Aí

ficava eu, a mãe dele, a minha avó, meus padrinhos, todo mundo na cozinha como se fosse um julgamento. Foi muito terrível."
Bianca ri um pouco sem jeito, de nervoso mesmo, mas doce como sempre. "A cena mais marcante quando a minha avó descobriu foi eu sentada na cadeira, ela pediu para o meu padrinho segurar as minhas mãos e cortou o meu cabelo bem de homenzinho, sabe? Meu cabelo era bem comprido, lindo. Nossa, eu chorei muito. Foi bem marcante para mim isso."

Bianca não parece guardar mágoas da avó medieval, tanto que, quando pedimos que a descreva, chama-a apenas de "antiquada", sem enfatizar a palavra nem nada. Essa avó a deixou trancada no quarto por algum tempo e também proibiu Bianca de ir à escola até as coisas se acalmarem.

E o namorado? "A gente teve de se separar. Depois a gente nunca mais se viu."

Mas Bianca ainda encontrou com o rapaz algumas vezes. "Mas a gente nunca chegou a namorar de novo. Não porque não nos gostássemos mais, mas porque a gente tinha medo do que nossa família ia falar. Depois de tudo que já tinha acontecido."

A última vez que Bianca o viu foi há oito meses. "Ele tinha acabado de terminar com uma namorada que arrumou quando a gente se separou, ficou muito tempo com ela. E eu já estava com a vida completamente diferente, já estava morando sozinha, já tinha saído de casa." O que talvez ela quisesse dizer com "completamente diferente" era que nessa época já não dependia mais da avó, cuidava da própria vida e se sustentava como garota de programa. Hoje, ela prefere se afastar dele e evitar encontros fortuitos. "Porque a gente tem queda um pelo outro, é impressionante."

Perguntamos o que ela acha hoje de sua primeira vez. "Marcou muito. Muito mesmo. Porque foi meu primeiro namorado fixo, minha primeira vez. Isso foi meu primeiro amor, sabe? Amor mesmo, que você gosta de uma pessoa. Senti muito depois. Chorei muito por perdê-lo, sabe? Senti muito pela situação, mas eu acho que isso foi importante para mim. Na época achava o fim, achava que eu ia morrer sem ele. Hoje eu acho que foi uma lição mesmo." Bianca já havia nos dito que tinha aprendido que a vida não era tão fácil quanto imaginava aos 16 anos de idade. Essa foi apenas uma das lições. "Se eu pudesse fazer diferente? Não, faria tudo igual, passaria pelas mesmas coisas. Não mudaria nada, nada. Nem a pessoa, nem o jeito, nem como foi. Até mesmo as confusões foram importantes para mim. Nem isso eu mudaria."

Quando a conhecemos, Bianca já fazia programas havia um ano e quatro meses. Ela descreveu como tranquila sua primeira vez com um cliente. Bianca trabalhava em uma clínica de massagens e a recepcionista avisou antes que era a primeira vez dela. De acordo com Bianca, o homem até a ajudou, ensinando como fazer certas coisas e brincando que daria nota no final. "Agora o que eu achei marcante, que foi ruim, foi o segundo. Porque o primeiro, eu estava caindo na realidade. Agora, o segundo, o medo de subir para o quarto era muito grande. 'Como vai ser o segundo? O primeiro até que me ajudou, foi legal, e se o segundo for chato? E se o segundo quiser alguma coisa que eu não queira?' E eu acho que não foi muito legal na segunda vez. Eu tinha medo de subir para o quarto, o interfone tocava e eu ficava, não, não sou eu, por favor, por favor."

Bianca sempre tentou separar o trabalho de suas emoções, de seus sentimentos. Mas não é sempre que consegue isso. **"Às vezes você acaba sentindo prazer. Não dá para controlar isso.** Mas eu tento separar." A grande fantasia de quem assiste a um filme pornô, como o de que Bianca irá participar, e provavelmente da maioria das pessoas que contratam uma garota de programa, é de que na verdade ela gosta do que faz. Perguntamos a Bianca sobre isso. "Eu aprendi a gostar. Entendeu? Não é que eu goste. Aprendi a tirar proveito disso. A conhecer pessoas diferentes. Pessoas que têm uma cultura maior do que a minha. **Aí aprendi a sentir prazeres diferentes, coisas diferentes. Aprendi a gostar."**

Bianca estava trabalhando na clínica quando uma colega comentou que tinha feito um filme pornô. "Aí eu comecei a perguntar como era, o que tinha acontecido. No começo Bianca achou que jamais toparia algo desse tipo, morreria de vergonha. Mesmo assim, pegou o telefone com a amiga. Ela acabou ligando, acabou tirando umas fotos, as fotos chegaram até Célia, que enviou para a produtora, a Explícita, e, depois de uma virose e de muito pensar e refletir, ali estava Bianca diante de nós.

De todas as primeiras vezes por que Bianca passou nesses últimos quatro anos, essa era a que estava deixando a moça mais ansiosa. "Minha primeira vez num filme hoje? Estou me sentindo mais nervosa. Extremamente nervosa. Extremamente tensa. Não sei o que vai acontecer. Eu espero uma coisa, mas não sei o que vai acontecer. Não sei como vai ser. Espero que seja bom. Não estou acostumada com muita atenção. Acho que esta vai ser a mais difícil, já está sendo a mais difícil." Bianca adora assistir a filmes pornôs, mas participar de um é bem diferente.

Já estávamos conversando com Bianca fazia algum tempo e sabemos que a equipe de gravação da cena queria começar logo. Para eles tudo o que acontecia ali era rotina, trabalho. As únicas pessoas que estavam vivendo aquela experiência pela primeira vez éramos nós e Bianca.

Perguntamos se Bianca já conversou com o ator que faria a cena com ela. Como ela disse que não, apresentamos Lopan, que aliás estava deitado na cama logo atrás de Bianca, ouvindo a segunda parte de nossa conversa e se preparando para a cena sem parar, assistindo a vídeos temáticos na TV. "Eu esperava que fosse uma pessoa legal, bonita, que fosse simpática, não sei, não o conheço ainda. Mas esperava que ele fosse bonito para me chamar a atenção. Para que não seja só um filme. Para que seja uma coisa legal."

Lopan então se aproximou e fez uma cara engraçadinha, ela sorriu e disse que sim, achou-o bonito.

Aproveitamos que estavam juntos e perguntamos se Lopan tinha alguma dica para Bianca, que estava começando. Com a sinceridade que já conhecemos bem, ele foi direto ao ponto: **sugeria que ela passasse xilocaína logo de uma vez, e que o melhor seria fazer sexo anal antes do vaginal.** O comentário, em vez de ajudar, serviu para deixar Bianca ainda mais tensa. Lopan nem nota, estava apenas sendo prático. Então perguntamos o que ele ouviu de nossa entrevista. Ele disse que a grande diferença entre ele e Bianca é que ele sempre sonhou em ser ator de filme pornô, com ela é diferente. "Ela caiu nisso. Eu não, queria me jogar. Aí muda tudo." Minutos de sabedoria.

Nosso tempo com Bianca tinha acabado. Antes de se levantar ela falou que, de alguma forma, ter conversado conosco a relaxou um pouco. Que bom, pelo menos isso. Ela então foi ao banheiro para experimentar figurinos diferentes e se preparar para a cena. Vimos de longe Lopan entrando, dando um beijinho na bochecha e conversando um pouco, provavelmente sobre o que viria a seguir.

Célia opinou sobre as várias opções de calcinhas, biquínis, minissaias e *tops*. Enquanto isso, a equipe já estava a mil. Realmente, para funcionar nesse clima, a concentração de Lopan deve ser admirável. Acabaram decidindo por uma parte de cima de biquíni, um shortinho com alguns detalhes em relevo e um colar de miçangas. O *set* foi iluminado por todos os lados. Reparamos que eles usam muita luz, provavelmente com o intuito de não ter sombra no corpo dos atores. O microfone está acoplado à câmera. Depois de uma rápida sessão de fotos sensuais, a equipe se preparou para a cena propriamente dita.

Bianca começou a cena sozinha na cama, interagia com a câmera como se a estivesse seduzindo. O câmera dava instruções práticas: mostra o peitinho, lambe os lábios, agora comece a se masturbar. Ele a elogiava também, dizendo que tinha um rosto bonito, e pedia que ela se alisasse em lugares específicos, que era onde a câmera estava enquadrando.

Depois Célia, Lopan e o câmera combinaram como seria a cena em si. Bianca foi mera coadjuvante nessa hora. Célia defendeu uma cena mais romântica, enquanto o câmera preferia cenas mais *hard*. Acabam decidindo pelo básico: dez minutos de sexo oral, dez minutos de anal, dez minutos de vaginal. Lopan assegurou a Bianca que seria melhor assim, e deu as explicações técnicas. Se doer durante o vaginal e depois ainda tiver de acontecer o anal, podem ficar ali muito mais tempo até conseguirem completar a cena. O câmera concordava, a gravação geralmente pára menos dessa forma. Muito instrutivo.

Nós sabemos que Bianca, além da lavagem e da xilocaína, também teve a precaução de tomar analgésicos, o que é muito comum em cenas de sexo explícito. Célia pediu para Lopan ter cuidado no sexo anal, "tem que ir com jeitinho", e marcou um beijo e alguns carinhos extras para tornar a cena mais de "namoradinhos". O câmera era contra, achava aquilo tudo uma perda de tempo, mas aceitou. Célia deu as últimas instruções para Bianca: que ela se deixasse levar pelo ator experiente, ele a colocaria nas posições certas.

Saímos para deixar que a cena acontecesse com o menor número de pessoas no *set*. Esperamos do lado de fora com o restante da equipe, o iluminador, o produtor e, é claro, a namorada de Lopan. Perguntamos o óbvio: "Você não tem ciúmes?". Ela sorriu, disse que a pergunta é recorrente e garante que não.

Mais de uma hora depois, somos avisadas de que a cena terminou. Subimos para ver como está Bianca depois de tudo. Ela estava no banheiro, se refazendo e tirando a maquiagem. Célia elogiou a novata, dizendo que ela se soltou bem e que só parou uma única vez, o que é raro. Acha que Bianca "tem futuro", vai se dar muito bem no mercado, porque junta delicadeza com sensualidade. Lopan, sempre sincero, disse que a menina foi muito bem, já viu melhores, mas ela emplaca no mercado pornô com certeza.

Bianca saiu do banheiro vestida como a conhecemos com a novidade de uma touquinha branca de crochê na cabeça. Ela estava visivelmente abalada, com os olhos um pouco vermelhos, sorriu ao mostrar suas mãos, que ainda tremiam. Contradizendo sua aparência, falou: "Foi tranqüilo. Só fiquei um pouco nervosa na hora do anal. A Célia falou para eu pensar em alguém ou alguma coisa que me excitasse muito, que me deixasse à vontade; me ajudou a me soltar um pouco mais."

Ela se confessou aliviada quando tudo terminou. Disse que faria um outro filme, com certeza, pensou muito antes de topar fazer esse e que, se não quisesse entrar no mercado, não teria feito nem o primeiro. "Já me disseram que, se for fazer só um, é melhor não fazer." Tinha consciência de que sua imagem agora iria circular por cinco anos no mercado.

Nós também não saímos ilesas da experiência. A maioria dos amigos e colegas perguntavam, curiosos, como havia sido a incursão a esse novo mundo, e por conta disso passamos semanas relatando e conversando sobre a nossa experiência. Em primeiro lugar, a nossa reação foi bem diferente da dos homens da nossa equipe. Nos emocionávamos com coisas, ou fazíamos leituras de situações que não condiziam com a opinião deles, o que provocava algumas discussões acaloradas. Talvez isso tenha acontecido porque, com poucas exceções, o mundo pornô é de fato um mundo prioritariamente masculino, para um público na sua maioria de homens.

De qualquer forma, encontramos pessoas encantadoras, que nos fizeram repensar alguns valores, posições. Mas sentimos também que nem tudo estava explícito, ao contrário das cenas dos filmes, havia muito que ainda escapava ao nosso entendimento, à nossa compreensão. Mas o objetivo não era um tratado sobre a indústria pornô, e sim acompanhar a história de uma primeira vez no *set*. Bianca, ou Mayara, ou qualquer que seja seu próximo nome, foi uma pessoa doce e generosa em dividir conosco acontecimentos tão íntimos de sua vida. Não sabemos onde ela está agora, mas esperamos que consiga o que quer, o que precisa, ou que pelo menos que a vida seja gentil com ela nas próximas primeiras vezes que tiver de enfrentar.

O nome do filme de Bianca será *Assalto anal*, lançado pela produtora Explícita. Assim como Bianca, aproximadamente uma centena de garotas entram para esse mercado todo ano para colocar seus rostos e corpos de estreantes em filmes e capas de fita.

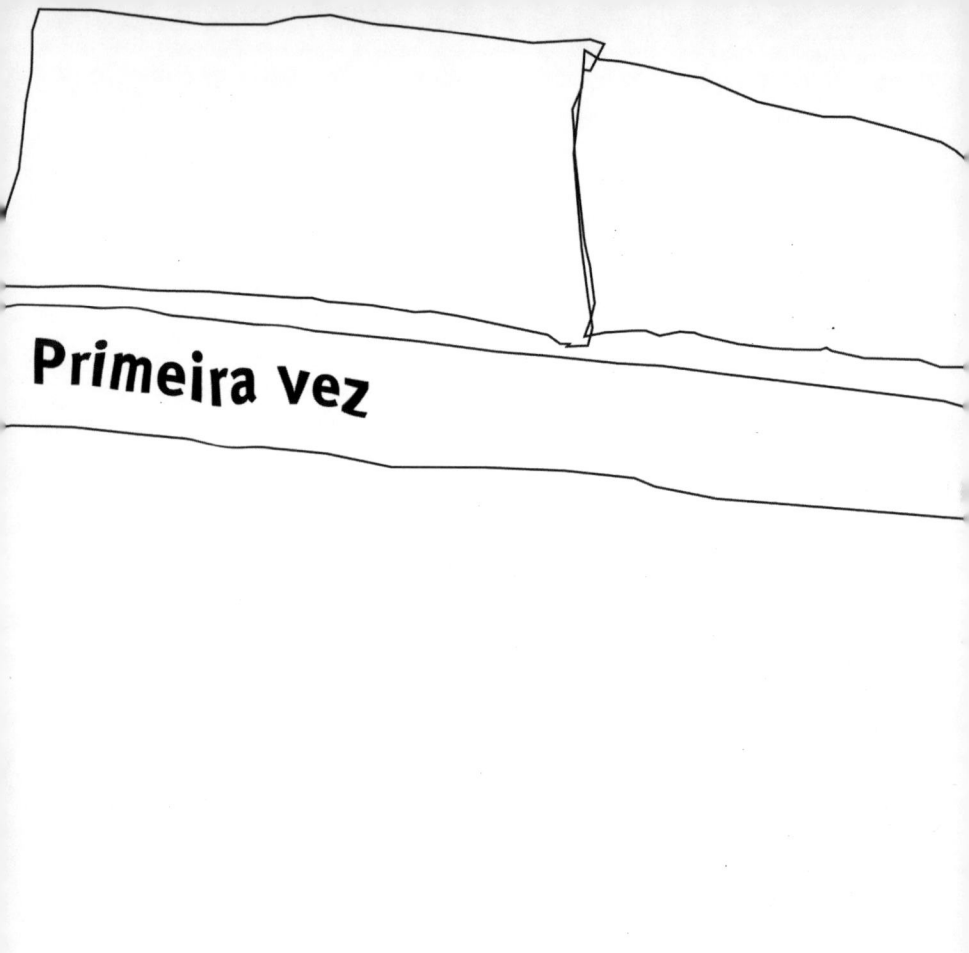

Primeira vez

Depois de entrevistar quase uma centena de mulheres e homens e ouvir as mais diferentes histórias sobre a primeira vez, decidimos ousar. Inventamos de incluir aqui a história de uma virgem que estivesse "perdendo a virgindade", o que significava entrevistar uma jovem "logo antes" e "logo depois" da primeira vez. O que queríamos era uma noiva virgem com casamento marcado para uma data próxima e que, claro, topasse dar a entrevista. Por todos os fatores limitantes e pela delicadeza do tema, sabíamos desde o início que a empreitada não seria fácil.

Saímos então numa busca desesperada, com direito a anúncios pela internet, pesquisa nas mais diversas igrejas, escolas, espaços públicos, com muitos telefonemas e *e-mails* para amigos, amigos de amigos ou meros conhecidos. E nada! Em vez de nos desanimar, o fracasso deu certo gás à nossa busca. Fomos de fato ficando tão obcecadas com a idéia que, em determinado momento, quase qualquer ser humano que passasse pela nossa frente ouvia, em vez de "bom-dia" ou "boa-tarde", as fatídicas perguntas: "Você é virgem? Conhece alguém virgem que vá casar por agora?". Nem é preciso dizer que a maioria das pessoas achava se tratar de uma missão impossível.

Mesmo com uma fé inabalável de que iríamos conseguir, quase desistimos quando uma de nossas assistentes disse que a relações-públicas de uma das igrejas com que estávamos em contato telefonou decepcionada. Ela estava tentando recrutar nossos personagens quando alguns noivos acabaram confessando não serem mais virgens. Outro caso inusitado foi o de um casal que não resistiu e acabou tendo relações sexuais poucos meses antes do casamento.

Finalmente, aos 45 minutos do segundo tempo, achamos Danielle e Onireves, os nossos noivos, por intermédio do amigo de um amigo de um amigo da nossa pesquisadora. Ao longo desses meses conhecemos também a Solange, a Raquel, a Carolina e o Marcelo, que não se enquadravam exatamente no perfil, mas que tinham muita coisa a dizer sobre o assunto. Junto com todos eles, fizemos grandes descobertas.

Vale dizer também que a princípio ficamos com medo de que este capítulo levantasse uma bandeira em prol da virgindade, ou que a questão religiosa tomasse conta de toda a discussão. Depois entendemos que, mais do que para qualquer outro capítulo do livro, era preciso nos despirmos de nossos julgamentos e deixar-nos cativar. Não fosse por tantas outras razões, isso, em si, já justificaria o esforço.

Solange

Solange é uma mulher muito bonita, daquelas que não passam despercebidas por onde andam: corpo curvilíneo, negra, charmosas trancinhas afro. Fomos até Duque de Caxias entrevistá-la depois de alguma negociação. Quando ligamos a primeira vez, ela se mostrou bastante reticente, porque achou que se tratava de um programa de auditório, daqueles que expõem o convidado na frente de uma platéia e que, de modo geral, têm poucos compromissos e pouca ética. Solange não é boba e não teria sido enrolada se fosse esse o caso. Mas não era. Quando explicamos que a entrevista seria na casa dela, sem "platéia", e que queríamos apenas conversar sobre essa opção pela virgindade, ela topou.

Solange Pereira da Conceição tem 40 anos e foi uma adolescente como outra qualquer. "Assim, dos 10 aos 23, eu namorei bastante, bastante mesmo, deixava a minha mãe doida." Ao mesmo tempo que ficava doida, a mãe confiava na filha e na sua própria criação. Solange sempre soube do desejo da mãe de que casasse virgem, e tinha em mente não decepcioná-la.

"Eu fui criada só com a minha mãe, e toda mãe sonha para sua filha o branco, então eu tenho certeza de que, se eu fizesse, para ela ia ser uma decepção muito grande. Minha mãe sempre foi uma mãe batalhadora, aquela mãe-pai-amiga, e eu não queria dar essa decepção para ela ou para mim."

Solange namorava, mas nem pensava em chegar às vias de fato, e, pelo que se lembra, os namorados a respeitavam. Tanto que nunca terminou uma relação por causa disso. "Eu tive meu primeiro namorado aos 16 anos, mas mesmo na minha adolescência, minhas amigas faziam, mas eu tinha essa convicção de que comigo não. **Tentaram? Tentaram. Mas eu sempre bati nessa tecla: não e não. E não rolou até hoje.**"

A mãe de Solange morreu há onze anos sabendo que a filha ainda era virgem; o que provavelmente não sabia é que até hoje, aos 40, ela ainda seria. Perguntamos então o que significa virgindade para ela.

"Virgindade, pelo que os médicos dizem, é uma membrana que tampa a entrada da vagina, só isso."

Solange gosta de dizer que é virgem por opção. Para ela, perder a virgindade significa casar, mas isso ainda "não rolou". Ela sabe que muitas vezes acontece o sexo antes do casamento, mas isso ela nunca quis. Não julga quem pensa de outra forma, mas com ela é assim: sem casar, ela não quer. Aos 23 anos Solange entrou para a igreja evangélica, "aí é que não rolou mesmo". Segundo ela, é mais uma questão de princípio do que um tabu.

Atualmente Solange está sozinha, e parece tranqüila, diz que não é um bicho-de-sete-cabeças, não. Mas tem curiosidade?, perguntamos, sem conseguir conter toda a nossa própria curiosidade. Solange solta uma boa gargalhada.

"Ah, com certeza! Tenho fé em Deus de que, no dia certo, na hora certa, vai acontecer. Não precisa antecipar, sair atropelando nada, não. Se tiver de acontecer, vai acontecer, se não tiver, não vai acontecer. Mas eu espero que sim. É o sonho de toda mulher, eu espero que comigo não seja diferente. Mas dá para esperar com calma."

Como todos os outros entrevistados deste capítulo, Solange sofre com o preconceito alheio e com pessoas que simplesmente não acreditam no que diz.

Solange é babá e trabalha numa casa na zona sul do Rio de Janeiro. Sua colega de trabalho costuma dizer que não acredita. Solange não liga: acredite se quiser.

Fizemos então mais uma pergunta que não queria calar. Solange tem medo de que talvez nunca aconteça? Ela suspira profundamente e pensa antes de responder que de fato é uma possibilidade. Afinal, ela resistiu bravamente durante toda a adolescência, fase em que os hormônios tentam tomar conta da vida. Agora, se ela não se casar, vai permanecer virgem, mas não será a única.

"Não ficaria frustrada, não. Encaro na boa, se não acontecer, não aconteceu. Não sou muito grilada, não. Não fico me torturando por causa disso."

Solange é uma mulher bonita, bastante interessante, e deve ter muitos candidatos a namorado. Dividimos com Solange essa nossa suspeita e perguntamos se ela estava esperando a pessoa certa, o tal príncipe encantado. Nessa hora, o sorriso franco e contagiante voltou a aparecer. "Obrigada. Mas não é assim, não. A coisa está meio difícil. Até agora infelizmente não apareceu." E, de repente, ela diz, olhando em volta: "Se está por aí, venha, por favor! Apressa-te! Por favor, apareça, porque eu estou aqui". E solta uma gargalhada.

Deixamos Solange felizes por tê-la conhecido e achando necessário fazer uma rápida revisão de nossos conceitos. Quando soubemos de uma "virgem de 40 anos", devemos confessar que imaginamos algo bem próximo do velho (e machista) estereótipo da "mulher encalhada", ou seja, desinteressante, para não desfilar os adjetivos pejorativos tradicionais. Solange não podia estar mais longe deles. Solange foi uma boa preparação para o que ainda estava por vir.

Marcelo e Carolina

Marcelo e Carolina se conheceram por intermédio de amigos no ano-novo de 1998 para 1999. Começaram a namorar firme alguns meses depois, dia 11 de março. Combinamos com eles no Museu de Arte Contemporânea em Niterói. Marcelo viria do estágio e depois iria direto para a faculdade, ali do lado. Carolina e Marcelo são um daqueles casos de namorados que ficam tão parecidos que acabam parecendo irmãos. Os dois são branquinhos, magrinhos, aparentemente tímidos e delicados. Quando começam a falar, surpreendem pelo vigor com que defendem suas idéias. Ela tem 21 anos e estuda letras; ele tem 25 e estuda engenharia.

Marcelo diz que o que o atraiu nela foram a simplicidade, a meiguice e principalmente a extrema sinceridade da moça. Carolina diz que os amigos sempre falavam de "Marcelinho", o rapaz responsável, inteligente, que tirava notas altas. Mas foi o jeito carinhoso com que ele sempre a tratou que realmente a conquistou. Para ele, o namoro virou oficial depois do primeiro beijo, depois de uma sessão de cinema. Mas Carolina exigiu um pedido formal: "Quer me namorar?", para aí sim responder: "Quero".

Marcelo é o primeiro namorado de Carolina. Carolina é a primeira namorada de Marcelo. Os dois já namoram há seis anos e dez meses. Ambos são virgens. Perguntamos por que decidiram se preservar. Marcelo explica que nunca chegaram a se fazer essa pergunta. A primeira vez foi quando ligamos para saber se gostariam de nos dar uma entrevista. Para eles, essa escolha é algo natural. "Cada um também já tinha isso como princípio, e só mais para a frente, ao longo do namoro, a gente foi amadurecendo essa idéia."

Para Marcelo, a atitude deles é natural, o que não é natural é um rapaz ter de convencer uma moça a ter relações com ele antes do casamento. Pelo seu ponto de vista, pensar na logística de uma hora e lugar para consumar o fato, em como não engravidar e em todas as outras variáveis, isso é que não é natural.

Carolina concorda, e completa dizendo que sempre quis casar virgem e que, quando chegou à adolescência, começou a querer entender o porquê disso. Ela procurou ler e estudar diferentes opiniões sobre o tema, o que só reafirmou suas convicções. Acredita que existe o envolvimento psíquico, o físico e o espiritual, os três juntos compõem o que chamamos comumente de amor. "Muita gente fica só no corporal, namora alguém só porque achou o corpo bonito, e tira onda porque está namorando aquele gato, e aí fica muito frívolo."

Bom, aqui é preciso parar e dizer que nenhuma de nós, autoras, casou virgem, nem tivemos isso como princípio. Talvez por isso mesmo era tão interessante ver esse casal bacana, bem informado, defendendo a virgindade. Se esperávamos apenas respostas que citassem a Bíblia, estávamos redondamente enganadas. Mais uma vez a realidade, a vida das pessoas, seus pensamentos e desejos nos surpreendiam.

Marcelo sabe que nada contra a corrente. Ele acha que muitos rapazes por aí têm no fundo esse ideal de vida também, mas se deixam levar pelo ambiente, pelas amizades. Nesse sentido, valorizar a virgindade para ele é também uma forma de se fortalecer, de crescer, um ganho para o homem do século XXI, "o ideal pode ser muito mais forte que essa pressão. A gente tem certeza de que esse é o melhor caminho, e que a gente está no caminho certo, nunca teve dúvida".

Para quem quiser seguir o mesmo caminho, Marcelo tem alguns conselhos:
"Nunca se coloque em situação de perigo, podemos chamar assim. Nunca fiquem dentro da casa dela ou da sua casa sozinhos. **Nunca vão para lugares muito fechados, namorar no carro, porque, querendo ou não, muitas vezes o sentimento pode falar mais forte".**

Diz também que viajar sozinhos nem pensar e que se pode perfeitamente substituir esse programa por outros. Quando se encontra em uma "situação de perigo", Marcelo escapa usando a criatividade e inventando rapidamente um programa onde estejam em público, "vamos sair então, vamos tomar um sorvete, vamos ligar para fulano de tal, vamos a um barzinho...". Carolina diz que existem muitos programas divertidos que não são arriscados.

Já deu para perceber que Marcelo não só é virgem, como tem muito orgulho disso. Não fica por aí expondo sua intimidade, mas as pessoas que lhe são próximas sabem, e nós, que somos curiosas e enxeridas, também. Carolina sabe que eles fazem parte de um seleto grupo, de uma minoria que casa virgem hoje em dia.

Bom, tivemos de perguntar quando, afinal, pensam em casar, já que estão há tanto tempo fugindo de situações de perigo. Marcelo diz que sua finalidade não é perder a virgindade e sim o casamento, a formação de uma família. Mesmo assim, insistimos em saber, existe alguma previsão? Eles dizem que precisam esperar pelo menos a formatura da faculdade.

Já que o papo continua fluindo, vamos um pouco além. Eles

imaginam como será a primeira vez? Carolina diz que imagina que vai ser muito bom, porque a relação sexual deve trazer muito prazer, e o sexo é uma coisa muito bonita, sagrada, mas tenta cortar esse pensamento porque sabe que não vai ser uma coisa para agora. Ela define como sagrado porque é um ato gerador de vida, "é através do sexo que todos nós estamos aqui". Marcelo admite que a imaginação às vezes toma conta, mas diz que ainda tem tempo e que na hora que tiver de ser, será. Vão escolher um lugar bacana, talvez durante uma viagem (de lua-de-mel), até para que seja um momento íntimo, tranqüilo. Segundo ele, as coisas colocadas no lugar certo sempre são boas, trazem paz, alegria.

Marcelo acha o fim da picada quando o acusam de ser alguém reprimido; ele, ao contrário, se acha elevado **"o amor se prova no sacrifício e no comprometimento"**. Acha que algumas pessoas na verdade têm medo de conversar sobre virgindade com eles, pois talvez ouçam bons argumentos e, em geral, ninguém quer correr o risco de mudar de opinião. Opa, será que ele estava se referindo a nós? Bom, a essa altura dos acontecimentos, mesmo que os argumentos fossem irrefutáveis, já era tarde.

Carolina diz que respeita opiniões diferentes, mas, quando perguntamos sobre as amigas, acaba reconhecendo que tenta mostrar que é melhor viver a castidade, esperar para casar, afinal se preocupa com as colegas. Segundo ela, as meninas até acham legal, mas depois se perguntam como vão convencer os respectivos namorados a não ter mais relações sexuais, e ficam com medo de perdê-los.

Ao final da entrevista pedimos para registrar o casal em um beijo romântico. Ela ri de cá, ele ri de lá, falam alguma coisa no ouvido um do outro, titubeiam e depois dão um selinho, bem rapidinho. Melhor assim. Ficamos pensando que um beijo daqueles de novela, nesse cenário, com o belo museu de Niemeyer ao fundo, o sol se pondo na baía de Guanabara, poderia transformar-se rapidamente em uma situação de perigo.

Raquel

Nossa pesquisadora encontrou Raquel em um *shopping* na zona norte do Rio de Janeiro enquanto procurava desesperadamente por alguém que fosse casar virgem. Raquel, um mulherão de cabelos compridos, calças *jeans* e salto alto, nos contou que se casou virgem quando tinha a idade de Carolina, 21 anos, que coincidentemente também é a idade de Danielle, a noiva que já vamos apresentar. O caso de Raquel era singular e digno de nota (para dizer o mínimo). Ela se casou com um militar, e só conseguiu perder a virgindade 15 dias depois. Esse marido sofreu, coitado, e ao que parece foi muito paciente. Acontece que Raquel se apavorou na primeira tentativa, durante a lua-de-mel em Búzios. Só de achar que ia acontecer ou que já tinha acontecido, ela teve um treco e desmaiou. O marido tentou reanimá-la dando tapinhas em seu rosto, mas ela acordou assustada e "botou tudo para fora" (seu almoço). À noite, já mais recuperada, eles tentaram de novo. O problema então foi que tinha um casal na pousada ninando um bebê de colo embaixo da janela deles, nenhum clima, nenhuma concentração, mais um dia perdido. Como chovia muito, acabaram voltando mais cedo para casa. Na estrada, o pneu do carro furou.

O marido era paciente, mas não santo, e portanto não conseguia esconder sua tristeza e decepção. Depois de várias tentativas frustradas, Raquel resolveu partir para um anestésico, o que solucionou parte do problema. Eles conseguiram, o problema é que nenhum dos dois sentiu absolutamente nada. Mesmo assim, Raquel gritou muito, de medo e de nervoso. Quando terminou, ela abriu a cortina e viu que o prédio inteiro estava olhando para a sua janela.

Apesar do drama, Raquel se orgulha em dizer que conseguiu chegar lá, casar intacta. Confessa que demorou quase um ano para "se acostumar com a coisa", mas agora, oito anos depois, assegura que está tudo bem. Algum conselho para quem vai casar virgem? Ela diz que tem de ter um clima, tem de estar relaxada, mas é preciso também certo fogo, acha que uma roupa íntima *sexy* ajuda **"aquela brincadeira para descontrair, para dar tudo certo, para não ficar uma coisa muito fria"**. Pelo visto, Raquel já está bem mais saidinha.

Danielle e Onireves

Entrevistamos Danielle e Onireves em um mesmo sábado de um escaldante verão carioca. Fazia muito calor quando chegamos à modesta casa de Onireves, no bairro de Nilópolis, depois de errarmos algumas vezes o caminho. Ele nos esperava na porta da pequena vila. Onireves mora com a mãe, a provável responsável por batizar o filho com um nome que chama a atenção pela estranheza (Onireves é Severino escrito ao contrário). Lá estavam também uma tia e um bebê de colo, filho de uma irmã dele.

Onireves é um falastrão simpático e extremamente ligado à religião evangélica. Danielle, ao lado dele, quase desaparecia na sua excessiva timidez. Isso para nós não era a melhor coisa do mundo e só corroborava nossa idéia de conversar com eles separadamente.

Depois da entrevista, Onireves aceitou nosso convite para almoçar e em seguida, muito prestativo, nos levou até a casa da noiva. Despedimo-nos já bastante curiosas para saber como devia ser Danielle, sem Onireves. Para isso nos alojamos no pequeno quarto que em um mês não seria mais dela: decorado com bichinhos e bonequinhas diversas, onde mal cabe o beliche de colcha cor-de-rosa combinando com as cortinas da janelinha, onde dormem ela (em cima) e a irmã, que aliás não compartilha o ideal de Danielle de casar virgem e até questiona se a irmã realmente segue esse preceito. Foi lá, um tanto espremidos nesse ambiente de absoluta intimidade, que conversamos com a nossa noiva virgem.

Danielle de Moura Fávila tem 21 anos, faz faculdade de administração e no momento não está trabalhando.

Onireves, coincidentemente, também dorme na parte de cima de um beliche em um quarto um pouquinho mais espaçoso que o dela, bem mais masculino.

Onireves tem 34 anos. "Geralmente as pessoas criam outros nomes em cima do meu. Já me chamaram até de Monte Eurébio, aonde Moisés foi."

Onireves é noivo de Danielle. Não é virgem, mas se considera "quase", porque namora com ela há mais de dois anos e se absteve de relações sexuais desde antes de começar o namoro.

Danielle é loura, tem cabelos lisos, aparelho nos dentes, pele branca e olhos bastante expressivos. Um jeito meigo e delicado que traduz seu autodeclarado romantismo.

Conheceram-se na igreja, ou melhor, no grupo de teatro da igreja que freqüentam. "A minha primeira impressão foi rir muito ao ouvir o nome dele", diz ela.

Danielle é bem sincera ao confessar que num primeiro momento não achou aquele cara interessante. Só foi se interessar tempos depois, quando começou a perceber como ele tratava as pessoas.

"Foi isso o que me pegou nele. 'Nossa, como essa pessoa é legal, como essa pessoa é boa', entendeu? Foi isso que me chamou a atenção."

Mas Onireves nem sempre foi assim, desse jeito que Danielle conheceu. O dia em que entrou para a igreja, diz, foi um marco em sua vida. Começava ali uma fase de profunda transformação e por isso ele se refere com freqüência à sua "outra" vida. Depois de nossa insistência, Onireves falou um pouco dessa "vida pregressa":

"Dos meus 15 até os meus 26 anos, foi uma vida até um pouco promíscua. O que era o sexo? Era a procura. Eu tinha várias namoradas. Geralmente a rapaziada gosta assim, quanto mais mulheres tiver, mais o cara tira onda, essa era a filosofia. Sempre aparecia com várias namoradas, só que não tinha um laço afetivo, não tinha um respeito, não tinha algo que viesse trazer uma satisfação mútua. Tinha curiosidade; o jovem que diz que é virgem é considerado trouxa pelos amigos, é influenciado pelos outros que dizem que, se não tiver relação, não é macho".

Hoje, Onireves pensa diferente e usa uma metáfora — ele adora metáforas — para dar sua opinião sobre a virgindade. Diz que, quando um produto vem de fábrica, vem selado. Que ninguém pede a banana que está aberta, a laranja que já está descascada. O mesmo deve acontecer com as meninas. Ele acha que alguns homens, parecidos com o Onireves de antigamente, convencem a menina a ter um relacionamento íntimo e "depois que acontece, dá linha na pipa".

Quando perguntamos sobre a sua primeira vez, Onireves é um pouco vago.

"Não tinha afinidade, rapazes e moças adolescentes brincando e tudo mais, aí rola sempre aquele beijo, rola sempre alguma promiscuidade. Eu me lembro de que tinha um monte de meninas, e eu acabei me envolvendo com uma delas, mas foi aquela coisa assim sem graça, no desespero, meio confuso. Um pouco afoito, um pouco aflito."

Danielle foi uma adolescente mais tímida. Somente no nosso segundo encontro, depois do casamento, sentiu-se confortável para nos contar um acontecimento trágico e significativo na sua vida. Aos 14 anos, ela sofreu uma tentativa de estupro. Um sujeito, que sabia o nome, o endereço e muitas outras coisas da vida dela, abordou-a e à irmã quando chegavam em casa. Mas ele só queria Danielle, a menina conhecida por fazer desfiles de moda no bairro. Sob a mira de um revólver, ele a levou para um terreno baldio e fez muitas ameaças. Danielle, desesperada, começou a rezar em voz alta. Aparentemente, o homem foi ficando perturbado com aquela reza e desistiu do que quer que pretendesse fazer. Danielle conseguiu fugir intocada e diz que isso teve grande influência em sua decisão de casar virgem. Coincidência ou não, Danielle entrou para a igreja no dia seguinte, onde, como já vimos, conheceu Onireves anos depois.

Eles eram amigos, faziam muita coisa juntos, ela sabia de muita coisa da vida dele, mesmo da "outra vida". E Onireves não mudou radicalmente do dia para a noite. Nessa época ele ainda pelejava para deixar alguns hábitos e atitudes para trás.

"Eu não conseguia firmar na igreja meus propósitos cristãos, porque eu falava 'o meu fraco é mulher, por isso que eu não consigo'. Conheci a Danielle dentro da igreja, uma jovem. Eu nunca olhei para ela com um olhar de relacionamento erótico, que é um sentimento de um homem por uma mulher, mas tinha um sentimento ágape por ela, um sentimento mais sublime, de uma irmã, só que eu gostava do comportamento dela."

Um dia Danielle começou a gostar e, o mais importante, começou a perceber que estava gostando. Mas ficou na dela, só contou para a irmã mais nova, amiga e confidente. Disse que estava gostando, mas que não tinha coragem de chegar perto para falar.

"Ah, eu tinha muito medo, por ele ser bem mais velho do que eu. Eu me achava ainda muito criança, muito menina, então resolvi ficar na minha." Ela pensava que, se fosse para acontecer, ia acontecer de alguma forma.

O que aconteceu foi que o irmão de Onireves se interessou pela irmã da Danielle, e eles começaram a sair, a fazer coisas juntos. As duas irmãs e os dois irmãos iam passear no *shopping*, lanchar. Mas ele ainda não queria nada com ela.

"A gente olha muito pela estética, pela aparência, e eu olhava para as mulheres e julgava, ia pela aparência, porque afinal de contas a gente tinha de apresentar uma boa namorada para a rapaziada, como a gente diz. Só que com a Danielle foi diferente, eu não queria envolvimento, e os colegas e os amigos falavam 'ela gosta de você'. E eu falava 'não, ela é minha amiga, isso é coisa da sua cabeça'. Comecei a observar o comportamento da Danielle."

E ficaram assim por um bom tempo, ela gostando, ele observando. Danielle ficou na dela durante dois anos, esperando. Não se envolveu com ninguém. Todo mundo em volta chamava a sua atenção, porque ela só queria saber de estudar, trabalhar, e não queria namorar ninguém. As pessoas não sabiam, mas ela já sabia muito bem o que queria.

Esse período que Danielle ficou esperando também não foi fácil para Onireves. Em pleno processo de transformação, ele optou por ficar sozinho, não tinha namorada e nem beijo na boca ele dava. Uma mudança bem radical para um cara conhecido por seu jeito mulherengo, o novo comportamento suscitava curiosidade e os comentários mais inusitados: "Será que ele está virando bicha, será que ele não gosta mais de mulher?".

Um dia Danielle cansou de esperar, falou para Onireves tudo o que estava sentindo. "O nosso primeiro beijo foi aqui na varanda, e eu fiquei muito feliz. Eu entrei correndo e falando para minha irmã." A irmã até hoje acha graça. Segundo ela Danielle parecia uma criança, estava eufórica.

Logo depois eles começaram a namorar, com direito a pedido oficial para os pais dela e tudo!

Danielle é virgem e é feliz com essa decisão, foi uma escolha dela casar virgem, um sonho que sempre teve. Mas ser virgem nos dias que correm também não é a escolha mais fácil do mundo:

"Na faculdade, eu nem comento, não entro em detalhes com as meninas porque no trabalho foi muito difícil para mim. As meninas riam de mim, achavam engraçado. Eu não vejo graça, para mim isso é muito importante. Elas falavam que eu era careta e que eu tinha de aproveitar: como é que eu vou saber quem é ele, se eu não conheço? E eu explicava sempre para elas, e falo para todo mundo que me fala isso, que **eu não estou casando por causa do sexo,** claro, que o sexo é um complemento, isso faz parte. O mais importante é o meu sentimento por ele e o dele por mim."

Danielle diz que não é diferente de nenhuma das meninas que não "se guardam", mas diz que não é fácil, e abre um sorrisão quando lembra que "só falta um mês" e que ela conseguiu "passar por tudo isso".

Ela também não despreza as pessoas que pensam de forma diferente, mas diz que esse é o jeito dela, que ela não se sentiria confortável agindo de outra forma. Imagina a possibilidade de se doar para alguém e depois aquela pessoa desaparecer, acha que se sentiria muito mal. Ia se achar... e não completa a frase.

Antes de Onireves, Danielle teve outros namorados, mas nunca pensou em fazer sexo. Nunca teve vontade. Um dos relacionamentos ela terminou exatamente por causa disso: "Ele ficou falando que queria, que queria, então, eu, mesmo gostando dele, preferi terminar".

Lembrando as dicas de Marcelo, perguntamos para Onireves como ele faz para não se deixar cair em tentação:

"Nós saímos sozinhos, os pais dela têm total confiança tanto nela quanto em mim, mas eu evito ficar muito tempo. Se eu estiver sozinho em casa, ela não entra, até mesmo para não dar o que falar".

Como disse Marcelo, é uma simples questão de não se colocar em situação de risco.

Perguntamos a Danielle se ela imagina como vai ser. "Para mim, acho que vai ser muito bom, para ele também." Ela sabe que vai ser bom, mas está um pouco ansiosa. "Eu não tenho conseguido dormir. Está faltando um mês, e eu não consigo dormir, acordo às quatro horas da manhã e fico pensando. Mas espero que eu não esteja nervosa, porque eu quero curtir também."

Onireves costuma brincar para descontrair. "Eu acredito que o negócio vai pegar fogo, eu costumo brincar com ela e falar: 'Ah,

Danielle, tem problema, não, **nós nos guardamos, mas a gente vai namorar na cozinha, no banheiro, na sala, no quarto, em tudo quanto é canto nós vamos namorar'."**

E Danielle, como todas as meninas que entrevistamos (incluindo as que aparentam ser muito diferentes dela), tem um misto de medo e curiosidade em relação à primeira vez: como é que vai ser? Vai ser bom? Vai doer? E Onireves, do alto de sua experiência, ofereceu-se até para, no dia, fazer um *strip-tease* para quebrar o gelo. Danielle adora esse jeito brincalhão dele e acha que na hora ele vai ter muito cuidado, ele sempre fala isso, prometendo que "vai dar o melhor de si". Dani acha também que ele vai estar um pouquinho nervoso.

"Eu acho que o momento de maior nervosismo vai ser quando todo mundo estiver saindo da festa. E eu me vir sozinha com ele, tendo de sair, entrando no carro, sabendo que vai ter de rolar, então eu acho que vai dar frio na barriga, acho que esse vai ser o momento que vai apertar o medo."

O casamento

Um mês depois, voltamos a Nilópolis para acompanhar de perto todos os preparativos para o casamento. Danielle teve um "dia de noiva": foi para a hidromassagem, fez vários tratamentos, cabelo, maquiagem, vestiu-se até ficar prontinha para o seu casamento.

Enquanto isso, Onireves também se preparava e, a pedido da noiva, fez várias coisas das quais nunca tinha ouvido falar: limpeza de pele, sobrancelha, cortou o cabelo e, para arrematar, fez até as unhas das mãos e dos pés. Um noivo *comme il faut*!

Danielle olhou-se no espelho e achou que estava muito linda. O vestido era um espetáculo, a coroa, lindíssima, o buquê, sensacional, tudo feito com carinho, especialmente para ela, cada detalhe muito bem cuidado.

Ela foi para a porta e, quando viu uma Mercedes estacionada ali, demorou a entender que aquilo também fazia parte do pacote. Ela ganhou o traslado para a igreja de presente de amigos e, nesse momento, ficou realmente emocionada. Nem nos seus melhores sonhos tinha imaginado tamanho conto de fadas.

A caminho da igreja, sozinha no carrão com o motorista, enquanto davam algumas voltas para manter a tradição do atraso da noiva, Danielle viu um filme passar pela sua cabeça. A protagonista era ela, desde pequenininha, crescendo, os namoricos que teve, as dificuldades até chegar ali, àquele dia, o clímax de uma vida.

O noivo, lá no altar, sentiu a mesmíssima coisa quando ela apontou no início da igreja. O queixo, os lábios começaram a tremer, ele sabia que não podia começar a chorar e entrar em pânico. Ele, que sempre participou do casamento de outras pessoas, que é superpopular e já foi padrinho de muitos amigos, devia estar acostumado. Mas ali era diferente. Era o casamento dele.

Danielle entrou cantando e, portanto, teve de segurar o choro para não embargar a voz até ouvir o pastor falar "eu vos declaro marido e mulher", aí desaguou.

A cerimônia foi bonita, depois teve uma recepção com várias surpresas, uma bailarina, um vídeo que contava a história do casal, muito agradecimento e muito choro. Quando acabou a festa, ela voltou a sentir o conhecido frio na barriga, de nervosinho, ou melhor, nervosão. Saíram de lá, ela foi trocar de roupa na casa de uma amiga para irem ao hotel passar a noite.

O casal foi junto para o hotel, Danielle dormindo no carro, de tão cansada que estava.

Quando chegaram, Onireves lembrou-se de todos os filmes românticos que já tinha visto e fez o papel do mocinho: pegou a mulher no colo. Danielle riu muito pensando na situação em que ele estava, cansado, ainda tendo de pegá-la no colo!

Quando chegamos para entrevistá-los no hotel no dia seguinte do casamento (e da noite de núpcias), Onireves contou coisas que passavam pela sua cabeça quando entrou no quarto. Lembrou que Danielle é uma jovem tão recatada que tinha vergonha até de tirar uma parte da roupa na frente das amigas. Ele imaginava então como seria com ele.

Danielle disse que foi tudo muito diferente do que ela imaginou, parecia que já tinha intimidade, sentiu-se tão à vontade que nem acreditou.

A primeira vez de Danielle foi dia 26 de março de 2006, e agora ela compreende por que as pessoas não conseguem se preservar.

Danielle riu, envergonhada, e disse que todo mundo falava que é muito bom, muito legal, e que não tinha sido muito bom de início, porque é meio dolorido, mas que depois gostou. Lembrou também que teve um momento em que pensou que não fosse acontecer, quando ela sentiu uma dorzinha e pediu para parar. Ele compreendeu, foi paciente, "mas depois foi".

Depois, os dois ainda deitados na cama, ela perguntou para Onireves se era isso que as pessoas sentiam, esse negócio, essa explosão. Com ela foi assim. Ele disse que era só o começo, que quando pegassem intimidade, ficaria melhor ainda.

Onireves falou que eles nunca tinham visto um ao outro totalmente nus. Segundo ele, a coisa fluiu naturalmente, e depois, quando acabou, conversaram, riram e choraram. Danielle disse que ele também chorou, emocionado.

Nessa nossa última conversa, às vésperas de viajarem para a lua-de-mel em São João da Barra (RJ), Danielle parecia cansada; foram muitas emoções. Mas estava feliz, e disse que não faria nada diferente. Ela disse que já se sentia mais amadurecida, que já pensava como mulher. Já tomamos tempo demais desse casal tão romântico nesse dia tão especial, vamos deixá-los em paz e guardar sua história.

Esta foi a última entrevista que fizemos. Saímos do hotel extremamente emocionadas pensando em tudo que tínhamos ouvido, nas pessoas que conhecemos ao longo do caminho. Ao final da nossa conversa, Danielle disse que estava muito curiosa para saber quem eram os outros entrevistados do livro. Contamos então das corajosas Teresa e Patrícia, que reencontraram seus primeiros parceiros, dos nossos quatro casais gays e suas lindas histórias de amor, das famílias que trocaram pela primeira vez suas experiências, de Bianca e sua avó medieval, das pessoas que conhecemos na indústria de filmes para adultos, até que finalmente chegamos ao capítulo onde estavam Onireves e ela. Danielle ficou encantada. Confessamos então nossa apreensão sobre como ela reagiria ao saber que estava em tão diversificada companhia. Bobagem nossa, ela ficou com vontade de conhecer todo mundo, e achando incrível também aquela nossa experiência. Tivemos que concordar com ela. Nessa viagem, nós também tivemos insegurança, medo, tensão e apreensão. Até que embarcamos nas emoções, verdades e lembranças de outras vidas. E depois nos apaixonamos. E nos transformamos. Devemos isso a todas as pessoas que toparam embarcar nessa conosco. Esperamos que este livro traduza tudo isso.

Depois...

No curto intervalo de tempo entre o final das entrevistas e a edição deste livro, ligamos para vários dos entrevistados para saber se alguma coisa de significativo havia acontecido desde nosso último encontro. Nessa ocasião ficamos sabendo que:

Patrícia, do "Encontro marcado", resolveu mudar-se de volta para o Rio de Janeiro. Nas palavras dela, a viagem para o encontro com **Daniel** foi o "sinal verde indicando que era hora de voltar ao Rio".

Tonho, de "Gerações", está no final do processo de separação de sua terceira mulher. Agora **Cauli** fica mais tempo com a mãe do que com ele.

Segundo Célia de Luna, de "Sexo na vitrine", **Carol** continua filmando. Está firme no propósito de seguir a carreira de atriz.

Além de *Assalto anal*, **Bianca** fez vários outros filmes que já devem estar nas locadoras, três deles com **Lopan**. Nesse meio tempo, o namorado dela descobriu sua nova profissão e desde então Bianca deixou de filmar.

"Da repressão ao sexo à ditadura do orgasmo"

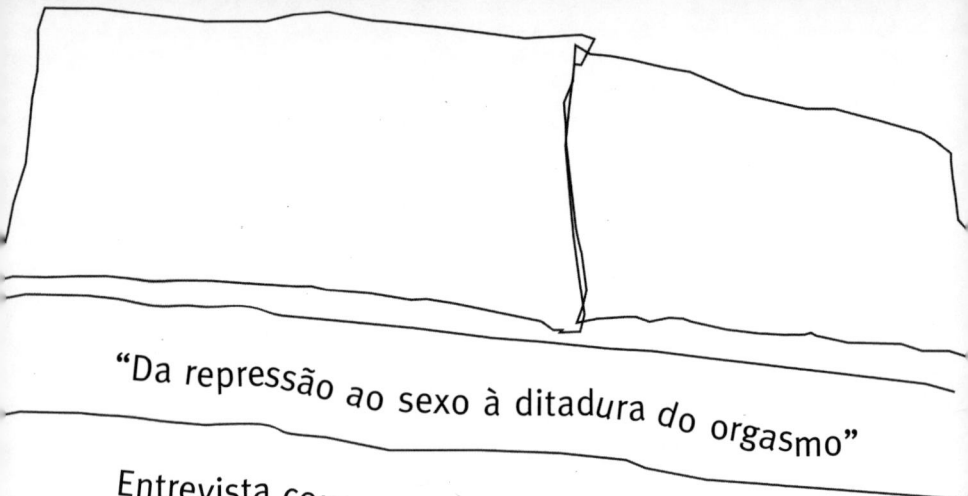

Entrevista com MARY DEL PRIORE

Depois de muita pesquisa e muitas histórias sobre a perda da virgindade, resolvemos conversar com alguém que pensa, pesquisa e escreve sobre o assunto. Assim, chegamos ao nome da historiadora Mary Del Priore. Professora da USP e da PUC-RJ e autora de livros sobre a história, entre eles *História do amor no Brasil* e *Histórias das mulheres no Brasil*, Mary nos recebeu na casa da sua filha, na zona sul do Rio de Janeiro, e primeiro quis saber tudo sobre nosso livro, mostrando-se sempre muito interessada. Tudo pronto, começamos. A entrevista foi tão instrutiva que não poderíamos privá-la do leitor.

Desde quando a virgindade é importante no Brasil?

Se a gente tivesse de olhar no retrovisor da História para saber desde quando a sociedade brasileira se preocupa com virgindade, talvez fosse interessante parar na data de 1707, em Salvador, Bahia, momento da reunião dos nossos bispos, que tentavam trazer nesse momento uma série de regras do Conselho de Trento para serem aplicadas no Brasil colonial. Nesse momento, eles criam um artigo que não deixa dúvida sobre a importância da virgindade. Esse artigo define que, entre os esposos futuros, ou seja, entre os futuros noivos, é definitivamente proibida a coabitação e a cópula.

Até então as pessoas tinham relação antes do casamento, e os desdobramentos dessas relações eram bastante complicados, as pessoas não passavam impunes por essa experiência. Por um lado, sobretudo nas camadas mais desfavorecidas, a gente vai vendo que as pessoas vão constituir concubinatos de longa duração, têm um filho, outro filho, e assim ficam muitas vezes juntas a vida toda. Mas vamos vendo um número enorme de mulheres que são seduzidas e abandonadas, e elas vão se queixar ao bispo. Essa expressão que a gente usa com tanta naturalidade — "vá se queixar ao bispo" — nasce nesse período exatamente porque os bispos haviam instituído que isso seria proibido. Eles criam uma série de penalidades para os noivos fujões, e as noivas que são seduzidas e abandonadas depois da cópula, na maior parte das vezes com um barrigão, vão se queixar ao bispo. Isso revela processos muito interessantes, em que a gente ouve nitidamente a voz da mulher e a voz do homem falando. A mulher se lembrando sempre de que foi seduzida, com presentes, com promessas de amor e de casamento futuro; e os homens, que no mais das vezes juntam seus parentes e amigos, acusando a mulher de alguém que não tem honra, que não tem vergonha. E aí a gente percebe que desde o período colonial essa questão da honra é muito importante referida à mulher brasileira. Embora ter relações sexuais antes fosse até um pouco comum, as mulheres não escapavam impunes. Elas ficavam marcadas pela comunidade, raramente refaziam suas vidas e, quando conseguiam ganhar na justiça eclesiástica alguma coisa desses noivos fujões, era um tipo de indenização pecuniária que ajudava essas mulheres a criar seus filhos.

A obsessão pela virgindade era tanta que vamos encontrar,

também no período colonial, uma série de curandeiros, charlatães que ofereciam seus préstimos para reconstituir a virgindade perdida. É interessante imaginar que se vendiam poções com as quais as mulheres faziam lavagens à base de folhas de lírio, o símbolo da pureza, ou à base de frutas como a romã, o símbolo do amor, e por meio dessas lavagens elas imaginavam poder reconstituir os seus hímens.

As coisas ficam realmente mais difíceis no século XIX, porque o romantismo, quer por meio da poesia quer por meio do texto literário, vai cantar as maravilhas da mulher pura e virginal, cuja qualidade maior é se manter o mais longe possível do homem. Os homens vão cair enamorados, vão se apaixonar por essas mulheres que são tão mais difíceis, que estão tão mais longe quanto eles tentam alcançar. No século XIX, a maior emoção que um homem podia ter era sentir o perfume do cangote de mulher, mas realmente o contato sexual vai ficando cada vez mais dificultado. A própria lua-de-mel é criada no século XIX para afastar a jovem do convívio da família e para essa iniciação se dar longe dos olhos dos parentes mais chegados. Então há a dificuldade, a valorização dessa mulher pura e virginal, romances como *Inocência* justamente botando em relevo a necessidade de a mulher ser completamente intocada. No entanto, foi um século muito hipócrita, com o desenvolvimento dos bordéis, onde os homens tinham toda forma de iniciação sexual. No final do século XIX pipoca uma literatura médica que caminha *pari passu* com a higienização das cidades e da sociedade brasileira. Na maior parte das vezes assinadas por médicos de nomes alemães, os livros, com títulos como *Felicidade e amor no himeneu*, ensinavam os homens a deflorar com todos os cuidados as suas esposas. Esse defloramento tinha de ser feito com cuidado, para que o homem não contaminasse a mulher, a esposa, com seus instintos bestiais. As perversões do jogo erótico ele ia viver no bordel, em casa ele ia, desde o defloramento da esposa, viver uma relação sexual absolutamente higienizada, saudável, e o sinônimo de um bom casamento era aquele em que havia afeto e esse sexo saudável.

O interessante é que foi feita uma série de entrevistas com mulheres casadas entre os anos 1920 e 1930 em São Paulo, e o que essas mulheres revelam é que conhecer o sexo e os jogos eróticos as culpabilizava muito. A mulher se sentia confortável com a ignorância em relação ao sexo, o véu branco no casamento definia sobretudo um estado de espírito e uma profunda ignorância da jovem com relação a qualquer informação sobre sexo. É óbvio que essas coisas não foram feitas sem alguma resistência. Entre as feministas dos anos 1930, há a figura famosa da Ercília Nogueira Cobra, uma grande feminista que luta pela profissionalização e a educação da brasileira. Ela vai escrever um livro notável, chamado *Virgindade anti-higiênica*, em que ela propugna que as mulheres brasileiras tenham experiências sexuais antes do casamento, ou não se casem tendo experiências sexuais, porque para ela isso tudo parecia absolutamente sem pé nem cabeça.

Nos anos 1940, 1950 e 1960, a sociedade brasileira vai mudar muito. Há um surto de urbanização, as mulheres têm cada vez mais empregos públicos, há uma migração muito grande do campo para a cidade, os lugares de sociabilidade vão se multiplicar, surgem os cinemas, os *dancings*, os clubes. E, por incrível que pareça, esse *boom* de vida social vai se contrapor a uma espécie de controle cada vez mais rígido sobre os passos que davam os namorados. Evitar que a menina se perdesse, evitar que houvesse um desastre antes do casamento era a grande preocupação dos pais e dos familiares. Surge então o famoso pau-de-cabeleira, que nada mais é do que uma versão brasileira do francês *chaperon*, que é aquela terceira pessoa que acompanha o casalzinho aonde quer que ele vá. Surge nessa época o horário para o casal voltar para casa. As meninas tinham de voltar impreterivelmente às nove horas da noite. Contam que em Salvador, havia um canhão que disparava em determinada hora da noite e as meninas tinham de se recolher imediatamente. Os namoros e noivados muito longos eram vistos com maus olhos, porque eram a chance que os noivos ou namorados teriam de cair uns nos braços dos outros. E é também o auge das revistas femininas que vão cuidadosamente alimentar na mulher a idéia de que a virgindade é uma coisa que ela deve levar para o casamento, e que, se ela perder a virgindade antes do casamento, vai criar uma desilusão para o seu marido, e isso, portanto, equivale a ter um casamento profundamente infeliz.

De fato, o Antonio Candido, que estudou bem essa questão, disse que nessa época só tinha três soluções para uma mulher que se perdesse antes de se casar: ou ela praticava uma espécie de prostituição disfarçada, ou ficava solteira até o fim da vida, ou ela fazia um casamento arranjado. Fora disso, para uma mulher que se perdesse, que desse o mau passo, não tinha saída.

A partir dos anos 1950, vamos ver proliferar uma dicotomia agora nova entre a menina de família e a menina chamada de galinha, maçaneta ou vassourinha, as meninas da zona, com as quais os rapazes iam ter a sua iniciação sexual quando não a tinham com suas empregadas domésticas, numa espécie de herança do período escravista. A questão do enxoval, da camisola da noite, tudo isso cerca o ritual do casamento, a mulher se guardando até onde pode.

As grandes transformações vêm no final dos anos 1960 e início dos anos 1970, com a chegada da pílula anticoncepcional no Brasil e toda a revolução da contracultura que prometia paz e amor, ou aquele famoso bordão que eu acho ótimo: "Amai-vos uns sobre os outros". Nesse momento, as meninas começam a deixar de lado toda essa enorme tradição patriarcal e vão se permitindo uma iniciação sexual, muitas vezes com seus futuros noivos ou maridos.

Gostaria de lembrar que a sociedade brasileira é tão patriarcal com as mulheres quanto com os homens. Se até hoje ainda existem jovens cujos pais que foram criados com essa dicotomia do relacionamento sexual dentro e fora do casamento, moça para casar e galinha, e ainda absorveram um pouco desse preconceito, é importante dizer que os homens também foram sistematicamente punidos, porque o homem brasileiro sempre teve de se iniciar sexualmente de forma muito precoce. A mulher brasileira sempre teve horror ao homem que não fosse uma enciclopédia sexual, que já não tivesse dado mostras de ser um grande garanhão. Esse preconceito então funciona dos dois lados, punindo, sim, as mulheres, mas também punindo os homens que por qualquer razão de foro íntimo, força ou hábito quisesse proceder de uma maneira diferente.

Você falou até agora do ponto de vista das mulheres. A gente queria que você falasse um pouquinho sobre quem eram essas mulheres que ensinavam esses homens e às vezes os transformavam nessa enciclopédia à qual você estava se referindo.

É superinteressante esse patriarcalismo que faz o homem se iniciar tão cedo. Gilberto Freyre é o primeiro a mencionar sem muita cerimônia toda a iniciação do jovem brasileiro com as nossas frutas, a melancia, o tronco da bananeira, os animais, galinha, égua, cabra, que serviram como iniciadores sexuais dos rapazes no mundo rural. Com o cafetinismo e a prostituição organizados, o bordel do século XIX, que procurava imitar muito o ambiente da casa burguesa, tinha piano, porque as meninas tocavam piano, tinha espelho em que a mulher casada jamais se veria, sobretudo nua, junto com o bordel, o cafetinismo organizado, e sobretudo com a importação de prostitutas estrangeiras – para as classes mais pobres, as açorianas portuguesas, para as classes mais abastadas, as polacas, provenientes da Europa Oriental, e para a elite, as chamadas cocotes francesas, que muitas vezes nem eram francesas, mas imitavam o sotaque e pintavam o cabelo de loiro. Essa prostituição tinha um papel formador, são elas que vão ensinar o brasileiro a sair dessa rusticidade, do encontro muito rápido, muitas vezes com essa origem do campo, da fazenda, tendo tido uma iniciação com animais. São elas que vão ensinar o brasileiro a ter uma sofisticação erótica maior, e vão ser responsáveis também por certo cuidado higiênico do brasileiro com o próprio corpo: elas são as primeiras médicas, no sentido de ajudar o brasileiro a combater as doenças sexualmente transmissíveis. No final do século XIX e início do XX, havia um grande número de intelectuais brasileiros com sífilis, e essas mulheres vão ajudar a combater a sifilização do brasileiro e servirão também de contraponto a essa mulher muito pura, alheia aos jogos eróticos.

Como estamos hoje?

Já temos notícias de que, nos Estados Unidos, por exemplo, há movimentos de jovens valorizando novamente a questão da virgindade. Eu sou historiadora, estou sempre olhando para trás, mas o que se pode depreender da leitura de sociólogos, e sobretudo do que vem sendo publicado de maneira sistemática nos jornais atualmente, é que se passou de uma total repressão do sexo para o que eu chamo de ditadura do orgasmo, ditadura do tesão. As pessoas só se relacionam quando estão sexualmente envolvidas uma com a outra. Uma vez esse envolvimento sexual terminado, as pessoas têm dificuldade muito grande em criar uma relação baseada em companheirismo, em afeto, em outras formas de sentimento que tenham menos a ver com a pele. As mulheres hoje tomam pílula e não são oneradas com o fruto desse intercurso sem muito critério. A conseqüência dessa experiência completamente desabusada é certo cansaço. Os jovens têm certa nostalgia da delicadeza com que essas relações eram vividas pelos seus avós, o respeito, a ternura, que estavam tão presentes nos casais do passado. Talvez os homens não tenham vivido com mulheres que, como diz Chico Buarque, "têm um tufão nos quadris", mas eles tinham boas companheiras, mulheres que eram devotadas, amigas, amorosas, e na convivência do dia-a-dia talvez isso seja uma lição que os jovens devam procurar incorporar, para tornar sua vida talvez com menos paixão, porém mais equilibrada.

Contamos para Mary a história de Danielle e Onireves, e ela explica como esse ritual da primeira vez acontecia na Idade Média.

O que se sabe por meio de historiadores especialistas em história medieval é que a cerimônia, tal como a conhecemos, vestido branco, na frente do padre, presentes, convidados, isso tudo é muito século XIX. Antes havia cerimônias em que o padre dava uma bênção, e na Idade Média, quando a Igreja começa a impor o casamento, eram muito valorizados a fecundidade da mulher e que o casal tivesse frutos. O rito que acompanhava a bênção nupcial era o seguinte: o casal saía da igreja, eles se dirigiam para casa, nessa casa a cama havia sido arrumada com as melhores colchas e tecidos, e essa cama sofria todo tipo de sortilégios, no sentido de tornar esse casal fecundo, e aí os amigos se retiravam do quarto, a jovem virgem, de cabelos soltos, se entregava ao seu marido, ele tirava a virgindade dela, e aí os amigos que estavam escondidos, esperando atrás da porta, entravam alegremente no quarto, trazendo para o jovem casal uma refeição à base de uma sopa muito apimentada ou com muitos perfumes, e vinho, símbolo da fecundidade do casal. Então essa coisa que no século XIX vai desaparecer, na lua-de-mel, que é você retirar a noiva para que ela viva esse momento longe de todo mundo, na Idade Média não era totalmente público, mas tinha certa publicidade, a coletividade acabava participando dele.

E como foi a sua primeira vez?
Foi ótima, com o pai dos meus filhos, meu primeiro marido. Éramos jovens, eu tinha 19, ele tinha 23, nós casamos semanas depois, e eu tenho as melhores lembranças, foi um momento muito poético, aquilo era muito importante, foi um momento que eu jamais esqueci.

1ª edição	maio de 2006
impressão	Prol Gráfica
papel de miolo	Ripasa Extralvura 90 g/m² | Vivox
papel de capa	Cartão Royal 300 g/m² | Vivox
tipologia	Electra e Meta